MÁSCARAS ROJAS:
El teatro político en los '70
'70
Volumen II

Colección Literatura en Acción

MÁSCARAS ROJAS:
El teatro político en los '70
Volumen II

Mario Diament
Beatriz Mosquera
José María Paolantonio

Ediciones ryr

Máscaras Rojas: el teatro político en los '70 Vol. 2 / Mario Diament, Beatriz Mosquera, José María Paolantonio; con prólogo de Rosana López Rodríguez. - 1a ed. - Ciudad Autónoma de Buenos Aires : RyR, 2018.
175 p. ; 17x12 cm.

1. Teatro Argentino. I. Diament, Mario II: Mosquera, Beatriz III: Paolantonio, José María; López Rodríguez, Rosana, prolog. IV. Título

Este libro fue editado con el apoyo de Proteatro

Se terminó de imprimir en Pavón 1625, C.P. 1870.
Avellaneda, provincia de Buenos Aires, Argentina.
Primera edición: Ediciones ryr, Buenos Aires, marzo 2018
Responsable editorial: Gonzalo Sanz Cerbino
Diseño de tapa: Sebastián Cominiello
Diseño de interior: Rofolfo Leyes
Edición a cargo de Rosana López Rodriguez
www.razonyrevolucion.org.ar
editorial@razonyrevolucion.org.ar

La quinta columna

El teatro político y sus variantes
programáticas (1969-1976)

Rosana López Rodriguez

Este prólogo al segundo volumen de *Máscaras Rojas*, es complementario al primero. Rogamos al lector, entonces, que se remita al anterior para todo lo que tiene que ver con la época, las corrientes teatrales y las disputas estéticas. Nos limitaremos aquí a examinar autores y obras, en línea con las hipótesis esbozadas en el primer volumen.

Con Uds., los culpables

En el primer volumen de esta colección de textos teatrales desarrollamos la perspectiva de Ricardo Monti, según la cual su teatro se dirigía a una platea burguesa, la que podía disfrutar el hecho teatral. Se trataba de un público que debía encontrar en la obra una acusación contra sí mismo, una especie de masoquismo del espectador. La esencia política de ese teatro tenía que ver con el descubrimiento de la propia culpa.

Indudablemente, se trata de una perspectiva común a las diversas tendencias del teatro en los años '70. El autor descubre su naturaleza de clase y la exorciza mediante un "nosotros" desplazado hacia afuera del escenario: nosotros, los "no-obreros", somos culpables de los crímenes de una sociedad en la que somos privilegiados.

8

Esta temática, que habla del empleado, del intelectual, del funcionario, que va de Arthur Miller a lo kafkiano, que resalta la cooptación del *pequeñoburgués* por el "sistema", su decepción y su muerte, habita, indudablemente, los escenarios críticos, de "izquierda", de la Argentina de los '70.

Esta vuelta de tuerca del ser autor teatral en la crisis (teatral o de cualquier otra cosa), es decir, cuestionarse a sí mismo desde un ángulo de clase, es una de las variantes por las cuales los intelectuales se suman al movimiento de masas. Hay, por lo menos, tres más: el intelectual al servicio del partido; el intelectual que abandona su tarea intelectual; el intelectual que se dirige directamente al proletariado. El primero es el que escribe, dirige, actúa, "a pedido". Suele ser una especie más bien despreciada, asociada con cierto funcionariado "soviético", porque se supone que ha perdido su "independencia", ese preciado bien propio del artista romántico. El segundo suele tener muy buena prensa, porque finalmente corporiza el ideal romántico al constituir su cuerpo en la materia misma de sus ideas. Es el que abandona todo y toma el fusil, como el Massetti del EGP. El tercero es el que busca llegar a las "bases" con su actividad, es decir, el que busca la "fusión" de arte y clase.[1]

Los textos que aquí examinamos se quedan en campo enemigo, como quinta columna, como destacamento avanzado que busca minar las huestes contrarias desde adentro, cuestionando precisamente aquello que el espectador, el pequeñoburgués, es incapaz de ver: su naturaleza colonizada (*El Jardín de los Frenchi Berutti*); su propia esclavitud (*Crónica de un secuestro*); su individualismo autodestructivo (*Qué clase de lucha es la lucha de clases*). En esa secuencia se observa, también, la posibilidad de una lectura esperanzadora: el pequeñoburgués colonizado puede descubrir su esclavitud y transformarse en un agente de la revolución.

---

[1]Véanse las experiencias de Norman Briski, en Briski, Norman: *De Octubre a Brazo Largo*, Ediciones Madres de Plaza de Mayo, Bs. As., 2005.

El Jardín de las ilusiones perdidas

"Nunca me he encasillado en partidos, porque lo que me importa es el trabajo político en la cultura."[2]

El Jardín de los Frenchi Berutti relata el proceso de construcción del intelectual colonizado. Su autor, José María Paolantonio, nació en 1931, en Santa Fe. Dramaturgo, guionista y director de cine y televisión con título de abogado, desarrolló una extensísima carrera en los tres campos, amén de una no menos importante participación en la función pública. Esto último a pesar de declararse ajeno a los partidos políticos y con una vocación política más amplia.

Eso lo llevó a formar parte de experiencias de gestión muy disímiles, desde los 24 años, en la Santa Fe de 1956, como Secretario de Cultura de la ciudad capital de la provincia, hasta en el kirchnerismo, como Subsecretario de Cultura de la Secretaría de Cultura de la Nación en 2004. En el medio, participa en distintos ámbitos de dirección cultural: la Universidad del Litoral, el Instituto Di Tella, la Municipalidad de La Plata, la provincia de Misiones, la dirección de la Ciudad de los Niños, etc.

En el teatro se inicia muy tempranamente, tanto en fase director como de autor. Debutará como director a los 15 años y seguirá estudiando en el extranjero, con Lindsay Kemp. Como autor, se recuerdan fácilmente, además de la que aquí presentamos, *La movilización general* (1968), *Fuego Asoma* (1969), *Back Round* (1971) *Cuarto de estudio, Doña Flor y sus dos maridos (1983), Mantones y cuplés*, etc.

En el cine será guionista de dos películas clásicas, que causaron impacto profundo en su época: *Quebracho* (1974) y *La Raulito* (1975). En la primera trabajará con Ricardo Wullicher, el director,

---

[2]"Me interesa el trabajo político en la cultura", www.pagina12.com.ar/diario/espectaculos/6-2713-2002-03-10.html.

10

y con la supervisión de Paco Urondo. En la segunda, una de las películas más vistas del cine argentino, hará también la producción, bajo la dirección de Lautaro Murúa. No faltará tampoco el momento en que dirija sus propias obras cinematográficas: *La película* (1975) y *El juguete rabioso* (1984).

El Jardín..., de 1972, narra el desarrollo de un inocente niño que, de alguna manera, representa a la burguesía argentina (alusión a French y Berutti) en su etapa de decadencia, en su momento de entrega a la dominación colonial. Pero es también una crítica de los intelectuales y de la clase dirigente argentina desde una óptica cercana al nacionalismo peronista. Se observa, en particular, la progresiva transformación del niño inocente torturado por una escuela autoritaria, en joven inexperto pero lleno de ilusiones, finalmente capturado por las redes del aparato ideológico del imperialismo más cuestionado de la época: las "fundaciones", que con sus becas, preparan a la nueva élite colonial. No está ausente, también en línea con cierta crítica peronista de la izquierda no peronista, el cuestionamiento a la figura del intelectual revolucionario "internacional", aquí representados por Vargas Llosa y Julio Cortázar. La "platea de culpables" se reconoce aquí en su europeísmo, en sus ilusiones desprovistas de realismo, en su incapacidad para superar el dominio imperialista.

Los educadores

"El teatro que no provoca reflexiones no es un teatro que interese."[3]

Si en el momento anterior veíamos al pequeñoburgués en su momento de inconsciencia, el secuestro al que lo somete Mario Diament será determinante para hacer entrar en crisis al

---

[3]https://teatro-nescafe-delasartes.cl/mario-diament-el-teatro-que-no-provoca-reflexiones-no-es-un-teatro-que-interese/.

personaje. De 1942, porteño, Diament ha sido tan polifacético como Paolantonio: dramaturgo, periodista, narrador, guionista, etc. Publicó un libre de cuentos (*El Exilio*) y una novela (*Martín Eidán*), además de dos libros de ensayos como *Conversaciones con un judío* y *El hermano mayor*.

Ha repartido su trabajo siguiendo una trayectoria internacional entre Argentina, Israel y los Estados Unidos. Premio Konex por su obra teatral entre 2004 y 2008, vive hoy en Miami, a pesar de ser una presencia asidua en la cartelera de Buenos Aires. Entre sus obras de teatro más recientes se cuentan *Cita a ciegas, Un informe sobre la banalidad del amor, Franz y Albert, Esquirlas, Guayaquil* y *Tierra del Fuego*.

El teatro de Diament, sobre todo en su primera etapa, se vincula con el teatro del absurdo, pero algunos especialistas lo ubican más cerca del teatro de la crueldad. Esta tendencia formaría parte de una corriente del teatro latinoamericano de los '70, caracterizado por

"un teatro físico y de impacto visceral en el cual los rituales son parte esencial. La acción se localiza en un espacio indeterminado y atemporal, generalmente un recinto cerrado, donde se escudriña sin concesiones la conducta de unos pocos personajes. La palabra adquiere un papel reducido, complementándose con elementos concretos, extralingüísticos, para crear un espectáculo súper dimensional, total, que logra impactar de raíz la sensibilidad del espectador."[4]

Crónica de un secuestro se acompaña, entonces, de obras como *El señor Galíndez*, de Eduardo Pavlowsky, *El campo*, de Griselda Gambaro, o *El Juego*, de Mariela Romero.

Encontramos aquí, aunque su autor pretenda lo contrario (véase Apéndice), un anclaje social claro. Morel es el típico "clase

---

[4] Castillo, Susana: *"El juego": un desesperado recurso de supervivencia*, en https://cdigital.uv.mx/bitstream/123456789/4864/1/198020P61.pdf.

media" argentino: empleado de seguros, con cierta autonomía, que ha debido asegurarse un lugar de alguna importancia sobre la base de claudicaciones morales personales. Aferrado a su rol social, que le otorga ventajas que, a la luz del drama que va a vivir, resultan irrisorias o absurdas, resume en sí una larga tradición en la representación del pequeñoburgués: Morel es pusilánime, cobarde, irresponsable ("yo qué hice"), fanfarrón, superficial, machista, abusador, ordinario, mediocre. Morel se cree que vale lo que no vale y que tiene todo bajo control. No puede aceptar a nadie le importe su suerte. Ciego a su propio pasado, ha invertido mucha energía sicológica en negar su historia. Todo lo ha hecho por ambición. Se ha humillado y se ha dejado humillar por su mujer allí donde su hombría más le duele. Un descubrimiento y un final inesperado coronan una obra donde la tensión no cede nunca. Como en esa película alemana, *Los educadores*, algunos desconocidos se han conjurado para darle una lección, una lección cuyas consecuencias no puede aceptar.

El intelectual pequeñoburgués al rescate de sí mismo

"Si uno no se compromete se convierte en un irresponsable."[5]

Beatriz Mosquera es una de las más importantes dramaturgas argentinas. Filósofa, define su aproximación al teatro como "realismo exasperado", definición que calza muy bien con la obra que aquí publicamos. En efecto, *Qué clase de lucha es la lucha de clases*, muestra esa exasperación que caracteriza al conjunto de su obra: *La luna en la taza*, *Pequeñas consecuencias*, *El primer Domingo*, *Eclipse de luna*, *Una pasión necesaria*, *La irredenta*, *La reina del hogar*, *Retrazos*, *Pintura fresca*, *Queridas mías*, *El llamado*, *Desnuda en el Umbral*, pequeñas perlas de un largo collar de textos de una obra

---

[5] *Página /12*, 23 de noviembre de 2005.

poco común. Prolífica, ha escrito cuentos (*Cuentos porque sí...*) y novelas (*No te suicides sin mí, Nadie tiene que saberlo*), además de cuentos para niños y hasta libros de texto para la escuela primaria (*Los cuentos del abuelo, Rulo y Pelusa*). Por supuesto, no falta la actividad pública, en particular, en Argentores.

Tercera de sus obras de teatro, *Qué clase de lucha es la lucha de clases* representa la acción en un reformatorio. Nos encontramos allí con un conjunto de personajes que representan lugares sociales. Dividida en dos partes, la segunda es un ejemplo de "teatro en el teatro", que recurre, para desarrollar la trama, a *El gigante Amapolas*, de Alberdi. Sobre el final, se rompe la separación actores-público, para que se inicie una tercera parte, no escrita pero implícita, en la conciencia del espectador.

La obra es, entonces, una representación de la lucha de clases y sus contradicciones. Cada personaje expresa una de tales contradicciones, propias de una sociedad donde domina el individualismo. Precisamente, la tarea del intelectual, del pequeño burgués que aquí se rescata para la lucha, es explicar esas contradicciones y mostrar cómo ellas están al servicio de la dominación social. Se iluminan así las peleas entre los de abajo, mientras los de arriba dominan. El leiv motif es sencillo: hay que comprender el sistema, sintetizado en la construcción del gigante. Al mismo tiempo, la cultura de masas aparece como distracción, igual que el sexo.

La intertextualidad viene a ejemplificar la posibilidad de apropiarse de la cultura dominante como instrumento contra los dominadores. La actualización del texto de Alberdi no solo permite escapar a la censura, sino también comprender las novedades no incluidas en el original. Dirigido aquel contra Rosas, esta parodia tiene otro blanco: la cabeza del gigante es el imperialismo yanqui. Frente a él, los dirigentes locales son cobardes y traidores. No es un gigante de paja, sin embargo, pero la unidad de los de abajo puede derrotarlo. El primer paso es superar esa primera jaula, que es la propia conciencia de los luchadores y la ideología que los domina.

Si bien el texto no ofrece ningún indicio que pueda indicarnos que Rosco, el protagonista, es un pequeño burgués, su capacidad intelectual y la apelación a un público que difícilmente tenga otro anclaje social, nos señala aquí una de las posibles salidas al conflicto de ese "culpable" al que estas tres obras que aquí presentamos quieren interpelar.

Conclusiones

Con este volumen concluye la entrega de un conjunto de obras que, en los años '70, formaron parte de la lucha de clases. Desde ángulos diferentes, todas expresan el mismo proceso: la interpelación a los intelectuales que el ascenso de la clase obrera pone sobre la mesa. En el desarrollo de la lucha del proletariado, este es un fenómeno común y recurrente. Capas enteras de intelectuales, en los '70, por lo general, provenientes del proletariado, son llamadas a la lucha e incorporadas como destacamentos de la fuerza en ascenso. Creemos que este abanico de obras es un muestrario de lo que sucede en tales etapas históricas.

Creemos también que no podemos dejar que se desarrolle espontáneamente, sino que debe ser estimulado. El problema de la "cultura proletaria", entonces, vuelve otra vez a enfrentarnos con la necesidad de organizar políticamente la lucha en el frente cultural. Que esta tarea sea considerada por una parte importante de la izquierda como una simple desviación "stalinista", demuestra hasta qué punto el liberalismo ha infectado a buena parte de la vanguardia.

Para seguir...

A los textos sugeridos en el primer volumen, agregamos:

Álvarez, Hugo: *Memorias de un actor exiliado*, Prosa Amerian Editores, Buenos Aires, 2014.

Briski, Norman: *De Octubre a Brazo Largo*, Ediciones Madres de Plaza de Mayo, Buenos Aires, 2005.

Dubatti, Jorge (Coord.): *Mundos Teatrales y pluralismo*, Ediciones del CCC, Buenos Aires, 2011.

Pellettieri, Osvaldo (Ed.): *De Bertolt Brecht a Ricardo Monti*, Galerna, Buenos Aires, 1994.

Nota sobre la edición

Los textos de la presente edición fueron tomados de las siguientes fuentes:

El Jardín de los Frenchi Berutti (o el triunfo de la voluntad). Teatro musical de humor en dos actos. Música: Miguel Ángel Rondano. Octubre de 1972 (Biblioteca de Argentores, Nº 18.842).

¿Qué clase de lucha es la lucha de clases?, Buenos Aires, 1972 (Biblioteca de Argentores, Nº 18.111).

Crónica de un secuestro, Talía, Buenos Aires, 1972.

Crónica de un secuestro

Mario Diament

A Marcos y Dora Fogiel

PERSONAJES

MOREL
PEDRO
MARTÍN

ACTO ÚNICO

(Una habitación dentro de una casa abandonada. Casi una ruina, evidenciando esporádicos signos de vida. Hay una mesa de madera, tres sillas, dos camas y un calentador a kerosene. En las paredes, fotografías de mujeres desnudas y un par de afiches. Una puerta abierta en el fondo muestra un pequeño baño. Hay una alacena repleta de latas apiladas desordenadamente. Martín, tirado en una de las camas, fuma y lee una revista pornográfica. Tiene alrededor de veinticinco años, el pelo largo y sucio. Viste un par de harapientos pantalones vaqueros y una remera desteñida. Se escuchan dos golpes seguidos en la puerta. Martín se incorpora, va hacia la puerta y la abre. Entra Pedro, conduciendo a un hombre con los ojos vendados. Pedro aparenta algunos años más que Martín. Tiene el pelo largo y negro, los ojos agudos e inteligentes. El hombre de los ojos vendados tiene alrededor de cuarenta y cinco años. Viste traje de buen corte, chaleco y corbata).

PEDRO: *(Empuja al hombre hacia el interior de la habitación.)* ¡Vamos, camine! ¡Cuidado ahí, con el escalón!

(*El hombre tantea temblorosamente el suelo con el pie, luego se afirma, Pedro lo empuja hacia el centro. El hombre se deshace con violencia de la mano del otro*)

MOREL: (*El hombre.*) ¡Sáqueme las manos de encima! ¡Le dije que no me ponga las manos encima!

PEDRO: (*Divertido, a Martín.*) ¿Qué tal? ¡Todo un señor! No le gusta que le pongan las manos encima. (*Empuja a Morel hacia una silla. Martín asiente sin entusiasmo. Se aproxima a Morel y le quita la venda; luego va hacia un rincón y se queda observando a Morel con curiosidad.*)

MOREL: (*Restregándose los ojos con energía.*) ¿Qué es esto? ¿Qué es lo que van a hacer conmigo?

PEDRO: (*Igual.*) Es una buena pregunta, amigo. Una buena pregunta. Justamente ese es nuestro problema: (*Misteriosamente.*) No lo sabemos...

MOREL: (*Firme.*) ¿Cómo que no lo saben?

PEDRO: (*Calmo.*) ¿Lo sabemos, Martín?

MARTÍN: (*Huraño.*) No lo sabemos.

PEDRO: Ahí tiene. No lo sabemos.

MOREL: Pero entonces, ¿para qué me han traído aquí?

PEDRO: Eso, amigo, es harina de otro costal. (*Confidente.*) Hay un jefe, ¿entiende? Él ordena y nosotros cumplimos. Somos buenos chicos.

(*Martín parece perder interés en la escena. Va hacia el calentador y coloca una pava al fuego. Luego vuelve a echarse en la cama, hojeando la revista sin interés. Morel observa la habitación con una mezcla de temor y repugnancia.*)

MOREL: (*Con un ligero tono de súplica.*) Todo esto no tiene sentido. (*Trata de sonreír.*) No soy hombre de dinero. No sé qué podrán obtener de mí.

PEDRO: (*Se ha echado en una silla y fuma calmosamente.*) Eso no hace al caso.

MOREL: (*Nervioso.*) ¿Qué quiere decir que no hace al caso?

PEDRO: No se exalte, querido. No le va a servir de nada.

MOREL: ¡Pero al menos merezco una explicación!

PEDRO: (*Igual.*) ¿Quién dice que la merece?

MOREL: (*Titubea. Busca un tono no agresivo.*) No se puede secuestrar así porque sí a un ser humano.

PEDRO: ¿Quién dice que no? Nosotros lo hicimos…

(*El agua hierve. Martín va hacia el calentador, toma la pava y comienza a cebarse un mate. Vuelve a la cama.*)

MOREL: (*Busca sonar razonable.*) ¡Pero es un delito!, ¿entiende? Quizás ustedes no lo comprendan… Finalmente van a descubrirlos. Estas cosas siempre terminan descubriéndose de una manera u otra. La policía investiga…

PEDRO: (*Ligeramente amenazante.*) Pero usted no va a denunciarnos.

MOREL: ¡No, claro que no! (Suavemente.) Yo podría irme… Y olvidar todo el asunto.

PEDRO: Claro que podría. ¡Qué gracia!

MOREL: Digo que… Podría olvidarme del asunto… No hacer ninguna denuncia.

PEDRO: (*Finge interesarse.*) ¿Sería tan amable?

MOREL: (*Esperanzado.*) ¡Claro, claro que sí!

PEDRO: Déjeme entenderlo. ¿Dice que saldría de aquí andando, como si nada hubiera pasado?

MOREL: ¡Se lo aseguro!

PEDRO: ¿Y hasta olvidaría que le puse las manos encima?

MOREL: (*Tratando de sonar gentil.*) Eso… Eso no tuvo ninguna importancia.

PEDRO: (*Insiste.*) Y si alguna vez volviésemos a encontrarnos por la calle… ¿Nos saludaríamos como viejos conocidos?

MOREL: ¡Desde luego! ¡Desde luego!

PEDRO: (*Cambia bruscamente el tono.*) ¡Qué asco!

MOREL: (*La intranquilidad vuelve a apoderarse de él.*) ¿Cómo…? ¿Cómo dice?

PEDRO: (*Despectivo.*) Digo que me parece asqueroso.

MOREL: No… No lo entiendo…

PEDRO: Es usted un gran mentiroso, señor…

MOREL: Morel. Emilio Morel.

PEDRO: Señor Emilio Morel.

MOREL: (*Vuelve al tono de súplica.*) Puede creerme. No tendría razón para denunciarlos. Si ustedes me dejasen ir… No tendría por qué hacerlo. Les estaría muy agradecido. ¡Verdaderamente agradecido! Ustedes no tienen nada contra mí. Está visto. Es… El jefe. Ustedes cumplen órdenes. Bueno… Todos cumplimos órdenes de alguna manera… ¿Se da cuenta? Yo les estaría muy agradecido…

PEDRO: No lo comprendo, mi estimado amigo. ¿Usted pretende que faltemos a la palabra empeñada?

MOREL: (*Rápido.*) ¡Oh, no! ¡Nada de eso! Solo que… La obediencia ciega, ¿se da cuenta?… Puede a veces… Amparar un delito.

PEDRO: ¿Y cómo podría yo saber, señor Morel, que no es un delito que ande usted suelto, caminando por la calle?

MOREL: Bueno, pues… Lo natural es que un hombre ande suelto, libre... La libertad no puede ser un delito.

PEDRO: ¡A eso voy, querido amigo! Yo me he tomado la libertad de secuestrarlo.

MOREL: (*Confundido.*) ¡Pero eso no es posible! Ese es un tipo de libertad que, simplemente, no está permitido.

PEDRO: ¿De modo que las únicas libertades permitidas son las que se refieren a usted, amigo Morel?

MOREL: ¡No, no! No me malinterprete. Tampoco me está permitido a mí, por ejemplo, secuestrarlo a usted.

PEDRO: Usted, simplemente, no podría hacerlo.

MOREL: (*Didáctico.*) Bueno, ¿por qué cree que no podría hacerlo?

PEDRO: Porque si lo intentase, le estrujaría el cuello, señor Morel. Le pondría la cara como un colador y ni su madre lo reconocería. ¿Nos entendemos?

MOREL: (*La idea le produce escalofríos.*) Usted habla de fuerza… Yo no hablo de fuerza.

PEDRO: Todo el mundo habla de lo que tiene, Morel, no de lo que no tiene.

MOREL: Sí, sí, pero hay leyes. Los países civilizados se rigen por leyes.

PEDRO: Permítame aclararle, señor Morel, que a mi amigo aquí presente y a mí, no nos interesan las leyes de los países civilizados.

MOREL: Pero ustedes no pueden ponerse al margen. ¡Eso no está permitido!

PEDRO: Todo está permitido, señor. Morel, hasta que alguien encuentra la forma de prohibirlo. Su civilización, por lo visto, no encontró aún la forma de prohibir este secuestro. (*A Martín.*) ¿No digo bien, Martín?

MARTÍN: (*Sin levantar la vista de la revista, seco.*) No me pagan para pensar.

PEDRO: (*Goza con la situación.*) Ahí tiene usted un modelo de respuesta, señor Emilio Morel. Concisa, enérgica… ¡hasta diría bella! ¿No es bella, señor Morel?

MOREL: (*La actitud de Martín le provoca un agudo nerviosismo.*) Sí, es una respuesta muy… Muy ingeniosa.

PEDRO: (*Duro.*) Dije bella, no ingeniosa, señor Morel. La belleza no tiene nada que ver con el ingenio. Mi amigo aquí presente… Perdón, ¿los he presentado?

MOREL: (*Observa a Martín con recelo.*) Creo… Creo que ya nos conocemos.

PEDRO: Circunstancialmente, señor Morel. Pero no han sido presentados formalmente, ¿verdad?

MOREL: (*Sin quitar la vista de Martín.*) No… No hemos tenido… oportunidad.

PEDRO: Eso ha sido una descortesía de mi parte, señor Morel. Una verdadera falta de cortesía. (*Lo toma del brazo y lo acerca a Martín.*) Permítame presentarle a mi amigo Martín.

MOREL: (*Tiende a Martín una mano temblorosa.*) Mucho… Mucho gusto… Morel…

(*Martín levanta la vista de la revista y fija una mirada inexpresiva en la mano extendida de Morel. Repentinamente se la escupe.*)

MOREL: (*Retira la mano confundido.*) ¿Qué… Qué hace?

PEDRO: (*Triunfal.*) Le ha escupido la mano, señor Morel. Mi amigo aquí presente ha sido descortés.

MOREL: (*Tembleque, herido.*) No tenía por qué hacerlo.

PEDRO: Ese es un punto de vista muy subjetivo, señor Morel.

MOREL: (*Limpiándose la mano con un pañuelo.*) Yo no le hice nada.

PEDRO: Quizás… Quizás lo ha ofendido.

MOREL: ¡Yo no le hice nada! Apenas lo conozco. Ni siquiera he hablado con él.

PEDRO: Ahí tiene. Esa fue una descortesía de su parte.

MOREL: ¡Pero es que él tampoco ha hablado conmigo!

PEDRO: (*Sus ojos adquieren de pronto una expresión salvaje.*) ¡Pero qué carajo se cree usted que es esto, señor Morel! ¿Una reunión social? ¿Piensa que lo hemos traído aquí para conversar? ¿Qué clase de estúpido es usted?

MOREL: (*Trata de controlar el miedo.*) Yo… Yo no hacía más que responder a lo que usted me preguntaba.

PEDRO: ¡Usted no ha estado haciendo otra cosa que mentirme descaradamente, amigo Morel! ¡Tomándonos por idiotas con sus promesas de agradecimiento eterno! Pensando que si lograba meternos un poco de miedo tal vez lo dejaríamos ir y después se mataría de risa con su manera estúpida de convencernos. ¿Quién se cree que somos, señor Morel?

MOREL: (*Tratando de detener el curso que parece tomar la situación.*) ¡No, no! Usted está totalmente equivocado. Tiene que creerme. Yo… Yo hubiera cumplido mi promesa. ¡Soy un hombre de palabra! Yo no pienso, no he pensado que sean ustedes… (*Elige la expresión.*) Tontos. Imagino que están en esto… Que toman esto… como un trabajo. Eso es. Que cumplen órdenes.

PEDRO: (*Cambia de actitud, vuelve a la pasividad.*) Ese es un punto de vista muy interesante, señor Morel. ¿De veras cree que este es un trabajo corriente?

MOREL: Bueno… hay… Hay mucha gente que se ocupa de… De esta clase de trabajos…

PEDRO: Correcto, señor Morel. Ahora, veamos: ¿le parece que este es un trabajo honrado?

MOREL: (*Tratando de evitar la trampa.*) Bueno… Creo… Creo que todo trabajo es honrado cuando… cuando se realiza con honradez.

PEDRO: (*A Martín.*) El señor Morel cree que todo trabajo es honrado cuando se realiza con honradez.

MARTÍN: (*Igual.*) Me importa un carajo lo que crea.

PEDRO: (*Satisfecho.*) Y bien. Señor Morel: ¿qué le parece esta respuesta? ¿Le parece ingeniosa?

MOREL: Creo, creo que es una respuesta muy… sincera.

PEDRO: Todas las respuestas de mi amigo aquí presente son sinceras, señor Morel. No debió haber dudado de él.

MOREL: (*Cobarde.*) ¡Pero si yo no he dudado de él! ¡Se lo aseguro!

PEDRO: (*Midiéndolo con la vista.*) ¿No? Me pareció que usted dudaba de él.

MOREL: No, no. De ninguna manera.

PEDRO: ¿De modo que mi amigo le da la impresión de un tipo sincero, señor Morel?

MOREL: Sí, sí, absolutamente.

(*Martín se incorpora. Va hacia la alacena y observa la pila de latas con desagrado. Elige una al azar.*)

PEDRO: ¿Y usted considera a la sinceridad una virtud, mi estimado?

MOREL: ¡Oh, sí! Creo que es la más… loable de las virtudes.

(*Martín toma la lata y se sienta a comer a la mesa, junto a Morel. La mera cercanía de Martín aumenta el nerviosismo de Morel.*)

PEDRO: (*Observándolo.*) ¿Le pasa algo, Morel?

MOREL: (*Sudando.*) Estoy… Estoy un tanto… Nervioso.

PEDRO: Relájese, mi estimado. Mi amigo aquí presente tiene una especial aversión por las personas nerviosas.

MOREL: (*Enjugándose la frente.*) Oh, estoy muy bien. Ya estoy completamente bien.

PEDRO: Me imagino, Morel. Me imagino…

(*Pedro comienza a dar vueltas en torno de la mesa, sin quitar la vista de Morel. La tensión interna de Morel parece crecer con el fuego. Trata de sonreír.*)

PEDRO: ¿Tiene usted hijos, Morel?

MOREL: Sí, tengo dos… dos hijas. Y mi esposa, por supuesto. Imagino. Imagino que deben estar preocupadas a esta altura de las… circunstancias. Mi esposa es una mujer débil, ¿sabe? Enferma. No creo… No creo que pueda soportar todo esto.

PEDRO: (*Continúa dando vueltas.*) Pero no hablábamos de su esposa. Hablábamos de sus hijas.

MOREL: ¡Oh, sí, por supuesto! Solo que… Al pensar en ella… Me refiero… La manera en que todo esto puede afectarla…

PEDRO: (*Con un leve tono burlón.*) Amigo Morel: por lo visto, es usted un hombre de grandes sentimientos.

MOREL: (*Modesto.*) Bueno, no soy nada especial. Solo me preocupa la salud de ella. Cualquier persona en mi situación…

PEDRO: ¿Cuál es exactamente su situación, señor Morel?

MOREL: Bueno… secuestrado sin una causa… Previsible. Sin saber… claramente adónde conduce todo esto… Provoca incertidumbre. Si al menos supiera… cuándo va a terminar todo esto…

PEDRO: ¿De veras no sabe por qué lo hemos traído aquí?

MOREL: (*Esperanzado.*) ¡No, no, se lo aseguro! No tengo la menor idea.

PEDRO. ¿No será que se empeña en ignorarlo?

MOREL. ¡Oh, no! Siempre he sido muy franco conmigo mismo.

PEDRO: ¿Ha escarbado usted en su conciencia, Morel?

MOREL: ¡Oh, sí! Me siento… Perfectamente…. inocente.

PEDRO: ¡Qué curioso!

MOREL: Sí, sí, lo es. (*Cuidadosamente.*) Por un momento… Pensé… Que quizás se hubieran ustedes… equivocado de persona…

PEDRO: (*Aparenta interés.*) ¿Lo cree?

MOREL: (*Alentado.*) Bueno, es muy factible. Por cuanto no logro acertar con el motivo.

PEDRO: De ser así, sería un error muy… lamentable.

MOREL: Muy lamentable, desde luego.

PEDRO: Significaría que un hombre inocente se encuentra en una situación desagradable, mientras el verdadero culpable se pasea libremente por la calle.

MOREL: Sí, creo que esa es la situación.

PEDRO: Lo que sería bastante injusto, ¿no cree?

MOREL: Oh, sí, absolutamente. Creo que todo esto es muy injusto.

PEDRO: Suponiendo que sea usted… perfectamente inocente.

MOREL: ¡Lo soy, se lo aseguro!

PEDRO: ¿Inocente de qué, Morel?

MOREL: (*Desconcertado.*) No, en fin, de lo que se supone que ustedes me atribuyen...

PEDRO: ¿Y qué es lo que nosotros le hemos atribuido?

MOREL: Bien, nada, pero...

PEDRO: De modo que es usted inocente de nada.

MOREL: (*Envuelto en el juego.*) No, yo...

PEDRO: (*Con lógica rigurosa.*) Lo que es igual a decir que es... Culpable de todo.

MOREL: ¡No, no! Usted me confunde

PEDRO: Yo no hice más que razonar con usted, amigo Morel.

MOREL: Sí, sí, pero no es cierto. Yo no soy culpable de nada, créame. Debe creerme.

PEDRO: ¿Quiere que empecemos nuevamente?

MOREL: (*Visiblemente alterado.*) ¡Oh, no! Es inútil. Ustedes deben estar equivocados. Ustedes deben haber cometido un error.

PEDRO: (*Implacable.*) No hay error, Morel. Todo estaba perfectamente calculado.

MORE.L: (*Desesperado.*) ¡No, no, le repito! ¡Debe creerme! ¡Yo no tengo nada que ver!

PEDRO: ¿Nada que ver con qué, Morel?

MOREL: (*Al borde del colapso.*) ¡Nada que ver con esto! ¡Nada que ver con ustedes! ¡Ni siquiera los conozco!

PEDRO: No mienta, Morel. Recién le he presentado a mi amigo.

MOREL: Se lo pido por lo que más quiera. ¡No juegue más conmigo! Tengo los nervios destrozados.

PEDRO: Relájese, Morel. No hay prisa.

(*Morel deja caer la cabeza abatido sobre la mesa. Martín se incorpora.*)

MARTÍN: Voy a salir por un rato.

(*Martín toma una campera y sale. Pedro observa durante un instante la figura descompuesta de Morel, echado con las manos extendidas sobre la mesa.*)

PEDRO: ¿Quiere un cigarrillo?
MOREL: (*Levanta la cabeza ansioso.*) ¡Oh, sí, por favor, se lo agradezco!

(*Pedro le tiende un arrugado atado de cigarrillos. Morel lo enciende frenéticamente.*)

PEDRO: Ahora estamos solos, Morel. ¿Se siente más tranquilo?
MOREL: Me siento muy cansado.
(*Pausa.*)
MOREL: ¿Qué es… qué es lo que van a hacer conmigo?
PEDRO: No sé, Morel. Ya se lo dije.
MOREL: Me refiero… ¿cuándo se supone que va a aparecer su… Jefe?
PEDRO: (*Indiferente.*) Lo ignoro.
MOREL: ¡Pero deben haberle dado alguna orden!
PEDRO: (*Parco.*) Traerlo.
MOREL: (*El nerviosismo comienza a apoderarse nuevamente de él.*) ¡Pero eso no puede ser todo! ¡Algo tiene que ocurrir! ¡La maquinaria de un secuestro debe ponerse en movimiento!
PEDRO: Si usted lo dice…
MOREL: ¡No, no es que lo diga yo! ¡Siempre ocurre así!
PEDRO: Por lo visto, sabe más de secuestros que yo. ¿Alguna vez ha secuestrado a alguien?
MOREL: ¡Cómo se le ocurre! Es que… Bueno… Todo el mundo sabe lo que es un secuestro.
PEDRO: (*Igual.*) Entonces debe ser como usted dice.

32

(Pedro va hacia la cama de Martín y toma allí la revista. Vuelve a la mesa y se sienta a hojearla. Morel comienza a debatirse en la impotencia.)

MOREL: ¡Oiga! ¿Qué sentido tiene torturarme? Usted debe saber más de lo que dice. Usted no puede ignorar adónde conduce todo esto.

PEDRO: *(Calmo.)* Yo no le he mentido, Morel. Usted me ha estado mintiendo a mí todo el tiempo.

MOREL: Usted parece un hombre inteligente. No puede haberse metido en un asunto así sin saber adónde conducía.

(Silencio de Pedro.)

MOREL: (Trabajosamente.) Escúcheme... Ahora... Ahora que su amigo no está... Quizás... Quizás podamos arreglar esto... Amigablemente... (Silencio de Pedro.)

MOREL: Me refiero. Quizás yo pueda... Pagarle... ¡Pagarle mucho más de lo que vaya a recibir por este trabajo! *(Saca ansiosamente la billetera.)* ¡Mire! ¡Tengo algo de dinero aquí! ¡Quizás alcance! ¡Puedo darle más todavía! Podría decir... Podría decir... ¡que me escapé! ¡Le pagaría más, se lo aseguro!

(Pedro levanta lentamente la vista de la revista. Morel lo observa con una mirada ansiosa, apretando la billetera. Súbitamente, con un movimiento rápido, Pedro le quita la billetera de la mano.)

PEDRO: *(Enfurecido.)* ¡Pedazo de idiota! ¡Si yo hubiese querido su dinero de mierda, lo hubiese tenido hace tiempo! ¡Podría haberle sacado hasta el último centavo y habérselo metido en el en orto, billete por billete! ¿Qué está tratando de hacer, imbécil? ¿Sobornarme? ¿Pasándome su asquerosa guita por la nariz como si fuera a cebarme? ¿Así acostumbra a comprar su inocencia?

¿Sacando su roñosa billetera? ¿Esa es la clase de inocencia que usted dice tener? (*Saca el dinero de la billetera y lo rompe en pedazos.*) Esto no tiene valor para mí. ¿Entiende? Me cago en esto como me cago en todos los miserables idiotas como usted. ¡Pero fíjese un poco! ¿Quería hacerme sentir tan bajo como usted? ¡Basura!

(*Como si un aluvión se precipitase sobre él, Morel trata de evitar la descarga.*)

MOREL: Yo... Yo... Creí... por un momento... Creí... que usted hacía todo esto... por dinero... Creí que le pagaban por todo esto...

PEDRO: ¡Usted y todo el repugnante credo de su maldita clase! Piensan que todo el mundo anda de rodillas con la lengua lista para lamer sus roñosos billetes. Comprando seguridad, posición, conciencia y agujeros donde afirmar su hombría. En cinco segundos me propone usted el soborno, la traición y la infidelidad y es capaz de seguir pavoneándose con su inocencia. Estamos solos, señor Morel. Solos dos seres humanos sin demasiada diferencia física aparente y todo lo que se le ocurre hacer para obtener su libertad es ofrecerme dinero. Ni por un instante siquiera se le ha cruzado por su estúpida cabeza la idea de agarrar una silla y abrirme el cráneo como una sandía, o buscar un cuchillo y revolvérmelo en los intestinos. Un ser insignificante, anónimo, un pervertido social lo ha secuestrado a usted de su apacible y miserable vida familiar sin armas de ninguna especie y todo cuanto usted atina a hacer por recuperar ese paraíso perdido es sacar su grasienta billetera y tratar de sobornarme. ¡Usted es una basura de la peor especie, señor Morel!

MOREL: (*Apabullado.*) Yo... Yo no creo en la fuerza.

PEDRO: ¿Usted no cree en la fuerza, señor Morel? ¡Hasta las ratas creen en la fuerza cuando se trata de sobrevivir! Pero por lo visto es usted mucho menos que eso. Un cobarde tembleque que se dice hombre porque dos veces a la semana se acuesta con su débil y enferma mujer.

MOREL: ¡Usted… no tiene derecho a hablarme de esa manera!

PEDRO: Yo tengo derecho porque usted no es capaz de hacerme callar. Y creo que podría violarme aquí, delante de él, a sus dos hermosas y robustas hijas y usted no haría otra cosa que temblar.

MOREL: (*Profundamente turbado.*) No soy valiente. Nunca pretendí serlo. No creo en ese tipo de valentía. Usted me está hablando de la jungla y yo no pertenezco a la jungla. Yo no creo que los seres humanos… deban sentirse animales, ni deban comportarse como animales. Yo he vivido… cuarenta y cinco años… con una moral… aunque… aunque usted no sepa lo que eso significa. Yo no he provocado esta situación. Yo no lo conozco a usted. Yo no pertenezco a su mundo de violencia… de violencia irracional. Yo… yo no sería capaz de deleitarme viendo cómo se tortura a otro ser humano, gratuitamente. Por el… Por el mero hecho de causar daño. Usted ha estado ahí sentado… torturándome sin explicación. Usted me ha estado haciendo sufrir, haciendo sufrir a los míos… Yo… yo no sería capaz de fijo. Aun sin conocerlo… lo evitaría, si puedo evitarlo. La vida… La vida es otra cosa, diferente a lo que usted se imagina. La vida no es… violencia, agresión, crueldad… Pero usted, seguramente no puede entenderlo… Ustedes, su generación, están arrastrando al mundo… a la barbarie. Yo… Yo no creo… En… Ese… Mundo… (*Morel, quebrado, se echa a llorar.*)

(*Pausa. Pedro contempla a Morel indiferente. Se escuchan dos golpes seguidos en la puerta. Morel se sobresalta. Entra Martín, trayendo un diario en la mano.*)

MARTÍN: Hace frío afuera… (*Repara en los pedazos de billetes esparcidos por el suelo.*) ¿Y eso?

PEDRO: La fortuna de nuestro buen amigo Morel. Dice que no cree en la violencia de esta generación y sacó sus mangos para demostrarlo.

(*Martín asiente. Se echa en la cama y comienza a hojear el diario.*)

PEDRO: (*A Martín.*) ¿Alguna noticia?

MARTÍN: (*Sin levantar la vista.*) No.

PEDRO: ¿Nada? ¿Ninguna noticia? ¿Nuestro buen amigo Morel ha sido secuestrado y no hay ni una sola cochina noticia en el diario?

MOREL: (*Lucha consigo mismo, tartamudea.*) De… deben haber… retenido la información… para… para no entorpecer la… la investigación…

PEDRO: (*Se vuelve hacia Morel.*) ¿De veras?

MOREL: Tiene… Tiene que ser eso.

PEDRO: (*Dubitativo.*) Puede ser… (*Pausa.*) A menos que…

MOREL: ¿Sí?

PEDRO: A menos que sea usted tan repugnantemente anónimo, que no merezca siquiera cuatro miserables líneas en el diario.

MOREL: (*Desecha la idea.*) ¡No, no, no es posible! Quizás salga en el diario de mañana.

PEDRO: (*Misterioso.*) Quizás… Entretanto, Morel, debo decirle que tanto yo como mi amigo aquí presente, nos sentimos desilusionados de usted… Hasta pienso… Hasta pienso que es posible que… nadie lo lamente realmente… Ni siquiera su débil y enferma esposa, Morel… Ni siquiera sus dos hermosas y robustas hijas…

MOREL: ¡No, no! ¡No hable usted así!

PEDRO: ¿Le asusta la idea, Morel?

MOREL: No es eso… Es que usted… Usted no comprende…

PEDRO: ¿Qué es lo que no comprendo, Morel?

MOREL: Mi familia… nunca podría… Imaginar una cosa así.

(*Martín echa el diario a un lado. Se incorpora, va hacia la alacena y vuelve con un rifle de caza y un frasquito de aceite. Sentado en la cama comienza a limpiarlo.*)

PEDRO: (*A partir de ese instante, comienza a juguetear con la billetera de Morel.*) ¿Imaginar qué, Morel?

MOREL: Un secuestro, ¿comprende? Jamás se les ocurriría pensar que yo pudiera estar… secuestrado. Más bien pensarían en un accidente…

PEDRO: ¿No es deprimente, Morel?

MOREL: ¿Deprimente?

PEDRO: Pensar que uno ha vivido cuarenta y cinco años sin haber llegado nunca a ser lo suficientemente valioso para nadie, como para que alguien pensara en la idea de un secuestro.

MOREL: No, no. No me interesa esa clase de… notoriedad.

PEDRO: ¡No me diga!

MOREL: Se… Se lo aseguro.

PEDRO: Yo no aseguraría nada, Morel… A esta altura de las circunstancias. Porque… Imagínese por un instante que lo dejáramos ir. Que sale usted por esa puerta y vuelve a casa. ¿Qué haría, Morel? ¿No contaría esta historia como una increíble aventura? ¿No se despacharía a gusto ante sus amistades hablando de su valor y de su entereza? Los diarios hablarían de usted, Morel. Quizás lo nombren como el ejemplo de la lucha contra la delincuencia juvenil. ¿Qué me dice, Morel? ¿No se le ha cruzado todo eso por la cabeza en ningún momento?

MOREL: Yo… Yo solo quiero irme a casa.

PEDRO: (*Desilusionado.*) ¡No sea mediocre, Morel!

MOREL: ¡Solo quiero irme a casa!

PEDRO: ¡Qué bobalicón! ¡A casa! ¡A la cama de su mujer débil y enferma! A los mimitos de sus dos hermosas y robustas hijas. ¿A casa, Morel? ¿A mirar televisión? ¿A mirar rozagantes culos por televisión? ¡Qué estrechez!

MOREL: Usted… Usted no entiende nada… Usted lo distorsiona todo…

PEDRO: (*Decidido.*) De acuerdo, Morel. Veamos un poco todo eso. Veamos un poco su estrecha, inútil, monótona vida de hogar… (*Vacía el contenido de la billetera sobre la mesa.*) Veamos, ¿qué es esto? (*Toma una tarjeta.*) "Emilio Morel, agente de seguros". ¿Agente de seguros, Morel? ¡Qué notable! Nunca lo hubiera imaginado. Más bien pensé en usted como algún alto empleado de una empresa fabricante de inodoros de plástico… De modo que agente de seguros, ¿eh? Muy bien, Morel. Un hombre de la calle… ¿Pies planos?

MOREL: (*Intimidado.*) Sufro… Sufro algunos dolores en el empeine…

PEDRO: (*Comprensivo.*) Lo imaginaba, Morel. Es natural. De modo que le vende seguridad a la gente, ¿eh, Morel? Hablándole de los riesgos de vivir en una ciudad grande. Accidentes, siniestros, muertes… Un mundo sórdido. Y usted los convence. Claro, tiene que convencerlos porque usted vive de eso. Tiene que convencerlos que desde el mismo instante en que uno abre los ojos por la mañana, comienza a vivir en una enorme jungla poblada de riesgos. Y usted tiene la panacea. ¡Seguridad! ¿No es así, Morel? Veinticinco mil pesos por un dedo, doscientos mil por una mano, preferentemente la diestra. ¿Qué tal lo hago, Morel? Imagino que tiene prácticamente tasado todo el cuerpo humano en términos de pesos. ¿Cuánto pagan por el pene, Morel? ¿Cuánto pagan por ese minúsculo pedacito de carne? ¡Vamos, dígame!

MOREL: Depende, depende del valor que usted quiera darle… a su póliza.

PEDRO: ¡Correcto! Cada cual lo tasa por lo que cree que vale. Ahora bien: ¿en cuánto ha tasado el suyo, Morel? ¡Conteste!

MOREL: (*Azorado.*) Yo… Yo no me he asegurado… hasta tal punto…

PEDRO: ¿Que no lo ha hecho? ¡Pero qué irresponsabilidad! Pero imagínense por un instante que mi amigo aquí presente decide castrarlo. ¿Qué me dice? ¿No cobraría nada? ¿Ni un solo peso? ¿Significa que un mísero gramo de carne vacuna vale en este momento más que esa preciosidad suya? ¡Me asombra, Morel! Es mucho menos previsor de lo que yo imaginaba. Bueno, era de suponer. Ahora volvamos a lo nuestro. (*Revuelve entre los objetos esparcidos sobre la mesa.*) ¿Qué es esto? (*Toma un carnet.*) "Gimnasia y Esgrima". ¡Querido Morel! ¿Juega usted al tenis?

MOREL: Sí… Un poco.

PEDRO: ¡No es para menos! Sociabilidad, un poco de deporte, quemar las grasas… ¿eh, Morel? ¿Algún baño turco de tanto en tanto?

MOREL: (*Tímidamente.*) Sí…

PEDRO: ¡Claro, querido, anímese! Un poco de masajes, vapor… Todo eso lo hace sentir a uno muy bien, lo reconozco. Yo mismo lo haría, pero no tolero el calor. ¡Cómo lo envidio! (*Toma una boleta.*) ¿Y esto? Una boleta de engrase. ¿Auto?

MOREL: Sí, un Peugeot…

PEDRO: ¡Buena máquina, amigo Morel! Hermosas líneas. (*Recoge unas fotos.*) ¿Sus hijas?

MOREL: (*Animado.*) Sí, esta es la Beba, la mayor…

PEDRO: Bonitas criaturas, Morel. Dios las conserve. Debe sentirse orgulloso.

MOREL: Bueno, sí, para qué negarlo.

PEDRO: No, no lo niegue. No tiene alguna foto de su dolida y sufriente esposa, Morel?

MOREL: No… Justamente no la llevo encima…

PEDRO: ¡Mal signo, Morel, mal signo! Pero tendrá alguna fotografía encima de su escritorio, imagino…

MOREL: Sí, claro, tengo una allí.

PEDRO: Las apariencias, Morel, no hay nada como las apariencias. Bueno, de manera que ya tenemos un somero cuadro de ese paraíso perdido que es su vida de hogar, mi querido Morel. Un trabajo independiente, citas, entrevistas. Imagino que usted sale por las mañanas en su Peugeot… ¿Blanco?

MOREL: Sí, blanco.

PEDRO: Blanco, Morel… Decía entonces que sale usted por las mañanas en su Peugeot blanco, almuerza en el centro y vuelve a su casa para la cena. Besa a sus hijas, una palmadita a su mujer enferma. ¿Le gustan las pantuflas, Morel?

MOREL: Bueno, sí, por los pies planos.

PEDRO: Claro, querido, hace muy bien. De modo que cuando llega el fin de semana, un poco de tenis y baños turcos. Y listo para enfrentar la semana siguiente. ¿Me equivoco?

MOREL: (*Asombrado.*) No, no. Lo hace usted muy bien.

PEDRO: Intuición, Morel, es usted un libro abierto. ¿Qué tal si tomamos una copita de algo, eh Morel? ¿Para celebrar esta nueva fase de nuestro mutuo entendimiento?

MOREL: (*Francamente animado.*) Se lo agradezco sinceramente. Tengo un poco seca la garganta…

PEDRO: No hay problema, mi muy estimado. No dude que mi amigo aquí presente no va a ofenderse si tomamos algo de su vino.

(*Martín levanta la vista pero vuelve a lo suyo en silencio. Pedro va hacia la alacena y vuelve con una botella de vino y dos vasos.*)

PEDRO: ¿Se le ocurre algún brindis, Morel?

MOREL: (*Titubea.*) Bueno, yo…

PEDRO: ¡Yo lo tengo! ¡Por la libertad, Morel! Porque esta aventurita suya tenga un final feliz, ¿no le parece?

(*Morel le devuelve una mirada de agradecimiento. Chocan los vasos. Morel bebe con avidez. Pedro vuelve a llenarle el vaso.*)

PEDRO: ¿En qué estábamos, Morel? ¡Ah, sí! Hablábamos de su encantadora vida familiar. ¿Ningún asuntito? Ya sabe a qué me refiero…

MOREL: (*Se ruboriza, bebe.*) Bueno, no diría…

PEDRO: Ya comprendo. No es amigo de confidencias, ¿eh?

MOREL: Sí, es eso. Usted me entiende…

PEDRO: (*Comprensivo.*) ¡Por supuesto que lo entiendo, Morel! Nobleza obliga. No voy a forzarlo a hablar. Pero comprenda… Esto nace y muere aquí. Probablemente no volvamos a vernos una vez que todo esto termine. Solo se trata de un cuento para amenizar la velada. (*Pedro lo mira sonriente, Invitándolo a la confidencia.*) ¿Quién es ella?

MOREL: (*Con dificultad.*) Nada de importancia. Una chica del club…

PEDRO: Lo imaginaba, Morel. Juegan al tenis los fines de semana…

MOREL: (*Achispado, con una risita cómplice.*) Sí, justamente. Usted se imagina…

PEDRO: Me lo imagino, Morel, me lo imagino. ¿Otra copita? (*Pedro vuelve a llenar el vaso de Morel.*)

MOREL: Bueno, sí, si insiste… No quisiera beber demasiado.

PEDRO: ¿Y cuánto hace que está en camino ese… asuntito sin importancia?

MOREL: Bueno, no mucho. A ver… Déjeme ver. (*Piensa.*) Tres años.

PEDRO: ¿Tres años con una aventurita sin importancia, Morel? Bueno, la chica debe recibir lo suyo, ¿eh?

MOREL: (*Vuelve a reír.*) Bueno, se hace lo que se puede, ¡je, je, je!

PEDRO: (*Alentándolo.*) Se las conoce todas, ¿eh? ¿Joven la chica?

MOREL: Veintisiete.

PEDRO: ¡Un pimpollo!

MOREL: (*No puede controlar la risa, bebe, se atora.*) Un pimpo-
llo, sí, pero se las trae, ¡je, je!
PEDRO: ¿Fuerte?
MOREL: ¡Un hierro al rojo!

(*Morel se ríe ahora descontroladamente. Pedro toma la revista pornográfica y elije una fotografía. La pone frente a los ojos de Morel.*)

PEDRO: ¿Algo así, Morel?
MOREL: (*La fotografía lo excita.*) Parecido. Algo más rellenita.
PEDRO: ¿Conoce los trucos?
MOREL: (*Atorándose de risa.*) ¡Los enseña! ¡Ja, ja, ja!
PEDRO: ¡Bravo, Morel! Usted no pierde el tiempo.
(*Morel trata de controlar la risa. Saca un pañuelo y se enjuga la
frente.*)
PEDRO: De modo que tres años, ¿eh, Morel? Tres años re-
partiéndose entre la cama enferma de su mujer y ese asuntito sin
importancia... A propósito, Morel... ¿Enferma de qué?
MOREL: ¿Mi mujer?
PEDRO: Sí, Morel, su mujer.
MOREL: Debilidad. Bueno, quedó anémica desde que tuvo el
último parto. Eso le afectó todo el sistema nervioso. Sufre mucho
de los nervios...
PEDRO: ¿La esterilizaron?
MOREL: Bueno, sí, ya sabe... Para que no insistiera con más
embarazos...
PEDRO: ¿Para qué no insistiera quién, Morel? ¿Usted o ella?
MOREL: Bueno, uno está en la cama, sabe...
PEDRO: Claro, claro que lo sé, Morel. Uno está en la cama y
le vienen ganas y qué se va a poner a pensar en las consecuencias...
MOREL: (*Se siente comprendido.*) Sí, es un poco eso.
PEDRO: ¿Otra copita, Morel?
MOREL: Bueno, en eso estamos...

42

PEDRO: ¡Claro que sí! (*Le sirve otra copa.*) De manera que su mujer es anémica desde hace…

MOREL: (*Saborea el vino.*) Quince años.

PEDRO: ¿Quince años, Morel? Bueno, debe ser un tipo muy paciente, mi querido amigo. Quince años cuidando a una mujer enferma. ¡Y con accesos de nervios, imagino!

MOREL: (*Humilde.*) Bueno, sí, no faltaron…

PEDRO: Por supuesto. El sistema nervioso afectado…

MOREL: Sí, sí, efectivamente.

PEDRO: Quince años escuchando escenas, reproches… (*Hace una pausa.*) ¿Acusaciones?

MOREL: Bueno, ya conoce usted a las mujeres…

PEDRO: ¡Claro que las conozco! A propósito, Morel. ¿De qué lo acusaba?

MOREL: (*Achispado, confidente.*) Bueno, ya se imagina…

PEDRO: Sí, sí, me imagino, Morel… ¿De qué?

MOREL: (*No puede controlar la lengua.*) Bueno, ella no quería a esa hija, ¿sabe? la segunda…

PEDRO: ¿No la quería? ¿Por qué?

MOREL: No podía. Ella sabía que no podía tenerla…

PEDRO: Claro… y usted también, supongo…

MOREL: Sí, sí, por supuesto.

PEDRO: Pero insistió, Morel, a sabiendas…

MOREL: Bueno, sí, de alguna manera.

PEDRO: Fue una pequeña venganza, ¿eh, Morel? Algo así como una pequeña travesura…

MOREL: Sí, sí, hay algo de eso. Usted entiende… Una travesura…

PEDRO: Es curioso, Morel. ¿Por qué quería usted vengarse de ella?

MOREL: He tomado demasiado. Me duele un poco la cabeza.

PEDRO: (*No da tregua.*) ¿Por qué, Morel? ¿Por qué ideó esa travesura?

MOREL: (*Trabajosamente.*) Yo… Yo no he sido… muy feliz con ella…

PEDRO: Sin embargo ocurrió algo, Morel. Quince años atrás ocurrió algo que lo llevó a concebir esa pequeña venganza. ¿Qué fue, Morel? ¡Piense! ¿Qué fue exactamente lo que ocurrió?

MOREL: (*Trata de despabilarse.*) Yo… Yo no recuerdo.

PEDRO: ¡Claro que recuerda, Morel! Tiene que acordarse, mi querido, hacer memoria…

MOREL: Yo… francamente… no recuerdo…

PEDRO: No quiero forzarlo, Morel. Mi amigo aquí presente y yo no queremos forzarlo. Pero puede que tengamos que hacerlo, ¿se da cuenta? Si usted se empeña en ocultamos cosas, puede que tengamos que hacerlo…

MOREL: (*Espantado.*) No, no, tiene que creerme… Me siento muy mal, he tomado demasiado. La cabeza… La cabeza me duele terriblemente. Creo…creo que he hablado de más…

PEDRO: ¡Tonterías, mi querido amigo! Usted ha dicho lo justo. Pero falta algo, Morel. Algo que usted se empeña en ocultamos. Algo que ocurrió hace quince años…

MOREL: Estoy… estoy confundido. No fue una venganza. Usted habló de venganza, pero… No… No fue eso. Fue un descuido. Nos descuidamos, ¿sabe? Ella sufrió mucho. Nos descuidamos…

PEDRO: Ya empieza a mentirme de nuevo, Morel. Creí que nos habíamos entendido, pero ahora empieza a mentirme de nuevo y yo odio que me mientan, Morel. Me repugna la gente que me miente.

MOREL: Yo no le miento, se lo aseguro. Me siento muy mal. No debí tomar tanto. Si pudiera… Si pudiera recostarme un poco…

(*Martín ha estado presenciando toda la escena con indiferencia. Ahora aparta el rifle con un gesto de impaciencia.*)

MARTÍN: ¡Acábela!

(*Morel se vuelve hacia Martín con sorpresa, como si de pronto reparase que él ha estado allí todo el tiempo.*)

MOREL: (*A Pedro.*) ¿Qué... qué dice?

(*Martín se incorpora. Se acerca pesadamente a Morel.*)

MARTÍN: ¿Qué pasa con usted pedazo de bosta, eh? ¿QUE CARAJO PASA CON USTED?

MOREL: (*Aterrorizado.*) Yo... Yo no sé... De qué está hablando...

MARTÍN: Hablo de usted, idiota. Hablo de su estúpida persona. Tengo los oídos llenos de usted. ¿Me entiende? Me siento mal. ¡Usted me hace sentir mal! Me hace sentir un profundo asco por el género humano.

MOREL: Yo... lo lamento...

MARTÍN: Es como si no pudiera tragarlo. Como una comida que uno mastica y mastica y no puede tragar. Lo estaba escuchando y de pronto sentí ganas de que desapareciera. ¡De sacarlo a patadas y que desapareciera!

MOREL: Yo... Yo no tengo la culpa de estar aquí.

MARTÍN: ¡USTED TIENE LA CULPA, BOLUDO! ¿No se da cuenta? ¡Me hace sentir náuseas!

MOREL: (*Aterrado a Pedro.*) Yo... Yo no entiendo qué le pasa.

PEDRO: (*Divertido.*) Lo hace sentir mal. Morel. Le provoca náuseas. No debió haberse portado así.

MOREL: ¡Yo no hice nada! No creo haber hecho nada para enfurecerlo.

MARTÍN: (*Amenazador.*) ¡Usted respira, Morel, y eso me enfurece!

MOREL: Yo... Yo no puedo dejar de hacerlo.

MARTÍN: ¡Puede, idiota! ¡Claro que puede! Podría si no fuera tan asquerosamente fanfarrón.

MOREL: (*Sin comprender.*) ¿Fanfarrón?

MARTÍN: ¡Sí. Fanfarrón! ¡Eso dije! Durante todo el tiempo no ha hecho otra cosa que mandarse la parte. ¡Y eso me revienta!

MOREL: (*Sin salir de su asombro.*) Oiga. Yo…

MARTÍN: ¡Hasta su aspecto! Sí, creo que hasta su aspecto es una abierta provocación.

MOREL: (*El miedo mezclado con la incomprensión.*) No… No entiendo…

MARTÍN: Usted no entiende nada. La bosta que le llena la cabeza no lo deja pensar. ¡Pero fíjese un poco! (*Lo manotea.*) Esa camisita impecable, esa corbata, ese chaleco ajustado sobre su asquerosa barriga… ¿Le parece, idiota? ¿Le parece que eso no es presunción? ¿Qué es lo que pretende con todo eso, eh? (*Vuelve a manotearlo.*) ¿Qué es lo que pretende?

MOREL: (*Gesticula con impotencia.*) Yo… Siento haberlo puesto así…

MARTÍN: ¡No me venga ahora con que lo siente! ¡Usted no siente nada! Usted no es más que… ¡un podrido burgués! ¿Qué es lo que quería, eh? ¿Impresionarnos?

MOREL: (*Igual.*) Créame… Tiene que creerme… Yo… De ninguna manera…

MARTÍN: (*Haciendo caso omiso.*) ¡Hablando de autos, hablando de cuentitos, hablando de sus estúpidos masajes! ¿Quería impresionarnos?

MOREL: (*Aturdido, lloriquea.*) Por favor… Le ruego… Yo no hacía más que responderle a su amigo.

MARTÍN: No se haga el inocente, ¿quiere? He visto a más de un inocente como usted asesinar a su madre con una sonrisa. Usted no solo le respondía inocentemente a mi amigo… ¡USTED GOZABA HACIÉNDOLO! Usted se ha pasado todo el tiempo sentado allí como un señor, tomándose mi vino y llenándome la cabeza con sus estúpidas propiedades.

MOREL: (*Desesperado.*) ¡Por el amor de Dios! ¿Qué quiere de mí? ¿Qué es lo que quiere de mí?

MARTÍN: Quiero que deje de respirar, Morel. Quiero que deje de respirar mi aire. ¡Usted me sofoca, Morel, me ahoga! ¡Usted me está contaminando el aire! ¡USTED ESTÁ INVADIENDO MI ESPACIO! (*Respira trabajosamente.*) Usted se ha convertido en un peligro para mí, Morel, ¡y yo voy a eliminarlo! ¿No se da cuenta? ¡Usted y yo no podemos respirar el mismo aire! ¡Estamos obligados a luchar hasta el final! (*Se pone en guardia.*) ¡Vamos, sáquese el saco!

MOREL: (*Aterrorizado.*) ¿Eh? ¿Cómo dice?

MARTÍN: Le dije que se saque el saco. ¡Y el chaleco! ¡Sáquese toda la ropa inútil que lleva encima! ¡Vamos, hágalo!

MOREL: (*Igual.*) ¿Qué… qué pretende?

MARTÍN: ¿No entiende? Vamos a luchar. Vamos a luchar por cada centímetro cúbico de aire. ¡Vamos, sáquese el saco!

MOREL: Yo… Yo no voy a pelear…

MARTÍN: ¿Cómo dice?

MOREL: Que yo… Que yo no quiero pelear.

(*Martín toma el rifle y apunta a la cabeza de Morel.*)

MARTÍN: ¿Prefiere que lo mate así, idiota? ¿Prefiere que le agujeree la cabeza sin haber movido un dedo para defenderse? ¿Esa es la clase de respeto que le merece su vida? ¡Vamos, estúpido, pelee! ¡Pelee por el derecho a respirar! ¡Pelee por recuperar su casa, su auto y su asuntito de los fines de semana! ¡Pelee por los baños turcos y los masajes!

MOREL: (*Gime.*) Por favor, se lo ruego. No me obligue. ¡No me obligue a eso!

MARTÍN: (*Con profundo desprecio.*) Yo no lo estoy obligando, infeliz. ¿No se da cuenta que esto es una oportunidad? ¿Que le estoy dando su última oportunidad? De pronto resulta que el aire no es gratis, ¿comprende? De pronto, resulta que tiene que ganarse el derecho a respirar. ¿Y qué hace? ¡Temblar! ¡Hablar como un marica!

MOREL: (*Se arrodilla y se aferra al pantalón de Martín.*) ¡Mire! ¡Se lo pido de rodillas! ¡Se lo estoy pidiendo de rodillas!

(*Martín lo observa con repulsión. Con la culata lo empuja al suelo. Morel permanece tendido, gimiendo.*)

MARTÍN: ¡Suélteme! ¿Usted piensa que a mí me importan sus rodillas de mierda? ¿Qué clase de hombre es usted?

MOREL: (*Desde el suelo, gimotea.*) Por favor, déjeme… Déjeme, se lo ruego… Me siento enfermo. Me siento muy enfermo…

(*Con un gesto de asco, Martín toma su campera y sale. Pedro contempla a Morel con curiosidad científica.*)

MOREL: (*Casi en un delirio.*) ¡Dios mío! ¡Estoy muy mal! Estoy muy enfermo… (*Trata de incorporarse.*)

PEDRO: Se ve usted lastimoso, amigo Morel.

(*Morel se incorpora finalmente. Tiene un gesto enajenado. Se sacude el polvo de las ropas.*)

MOREL: (*Como hablando consigo mismo.*) Tengo que salir de aquí ¡Dios mío! Tengo que salir de aquí.

PEDRO: No se ve nada digno, Morel. Nada parecido a un agente de seguros.

MOREL: Usted no debió permitir. No debió permitir que él me tratara así.

PEDRO: Creí que lo consideraba un tipo sincero, Morel. Creí que admiraba la sinceridad de mi amigo.

MOREL: ¿Cuándo va a terminar todo esto? ¡Por Dios! Es una pesadilla. ¿Por qué? ¿Por qué tuvo que ocurrirme a mí?

PEDRO: A alguien tenía que ocurrirle, Morel. No se queje. Está aprendiendo cosas acerca de sí mismo.

MOREL: Quisiera… Quisiera un cigarrillo, por favor.

PEDRO: ¿Perdón?

MOREL: Un cigarrillo. Necesito fumar

PEDRO: (*Esquivo.*) El caso, Morel… El caso es… ¡Que no puedo dárselo! Espero que me comprenda.

MOREL: (*Incrédulo.*) ¿Qué significa? ¿Qué significa que no puede dármelo? ¡Tiene un paquete lleno allí!

PEDRO: Claro, Morel. Pero me lo han prohibido, ¿entiende? Me han prohibido ofrecerle cigarrillos.

MOREL: (*La desesperación vuelve a apoderarse de él.*) ¿Quién? ¿Quién se lo ha prohibido?

PEDRO: (*Significativo.*) El jefe, Morel…

MOREL: Pero… ¡antes me convidó!

PEDRO: Antes, Morel, no hice más que tener un delicado gesto de amistad hacia usted. No debe aprovecharse de mis gestos amistosos.

MOREL: (*Suplicante.*) Estoy muy nervioso, ¿comprende? Tengo los nervios destrozados.

PEDRO: Trate de descansar, Morel. Relájese.

MOREL: (*Fuera de sí.*) ¡Usted no puede negarme un cigarrillo! ¡Deme un cigarrillo! ¡Por favor, deme un cigarrillo!

PEDRO: Puedo vendérselo, Morel. Eso sí podría hacer. No me han prohibido venderle cigarrillos.

MOREL: A qué… ¿a qué se refiere?

PEDRO: Si se lo vendiese, Morel, no estaría faltando a mi palabra, ¿se da cuenta?

MOREL: (*No puede dar crédito a lo que escucha.*) ¿Venderme? ¿Quiere venderme un cigarrillo?

PEDRO: No quiero, Morel. Pero es la única manera. A menos, claro está, a menos que renuncie a fumar.

MOREL: (*Lucha consigo mismo.*) ¿Qué quiere por un cigarrillo? No, tengo dinero. Usted rompió todo mi dinero.

PEDRO: (*Pensativo.*) Podemos hacer un trueque. Claro, por algún objeto, quizás…

MOREL: (*Desconfiado.*) Un… ¿un objeto?

PEDRO: (*Examinándolo.*) Ese reloj, por ejemplo. Creo que le daría un cigarrillo a cambio de ese reloj.

MOREL: (*Protesta.*) ¡Pero este reloj vale arriba de cincuenta mil pesos!

PEDRO: Fúmeselo entonces, Morel. No fui yo quien propuso este trato.

MOREL: No puedo dárselo. Es un recuerdo. Es un recuerdo de mi esposa.

PEDRO: (*Impasible.*) Claro, Morel. Es un hermoso recuerdo.
(*Pausa. Morel se revuelve nervioso.*)

MOREL: Se lo doy… ¡por el paquete! ¡Quiero todo el paquete!

PEDRO: (*Calmo.*) Un cigarrillo, Morel. Hablábamos de un cigarrillo.

MOREL: Es… simplemente… inhumano.

PEDRO: En cinco segundos, Morel, el precio subirá exactamente al doble. Es la ley de la oferta y la demanda. (*Cuenta.*) Uno… Dos… Tres…

MOREL: (*Agotado.*) ¡Basta! ¡Tómelo! ¡Deme ese cigarrillo!

PEDRO: (*Implacable.*) Con humildad, Morel. Debe pedírmelo con humildad.

MOREL: (*Trata de controlarse.*) Por favor… Se lo ruego… Acepte este reloj…

PEDRO: Claro, Morel. Sírvase un cigarrillo.

(*Pedro le tiende un cigarrillo y toma el reloj a cambio. Morel aprieta el cigarrillo ansiosamente. Comienza a buscar fósforos en el bolsillo. Su desesperación aumenta a medida que comprueba que no tiene.*)

MOREL: (*Presintiendo lo que se avecina.*) Puede… Puede darme fuego…

PEDRO: (*Examina el reloj, sin levantar la vista.*) ¿Fuego? ¿Estaba eso en el trato?

MOREL: Quisiera… Quisiera encenderlo.

PEDRO: Bueno… Quizás debiera tener un gesto hacia usted… ¿Qué cree?

MOREL: ¡Le pagué cincuenta mil pesos por un cigarrillo!

PEDRO: Eso es lo que valía para usted en ese momento, Morel. Su reloj no vale para mí más que un cigarrillo. De todos modos voy a tener un gesto hacia usted. Espero que sepa reconocérmelo.

(*Pedro saca un fósforo y enciende el cigarrillo. Morel comienza a pitar frenéticamente. Se relaja. Pausa.*)

MOREL: ¿Qué van a hacer conmigo? ¿Van a pedir rescate?

PEDRO: No sé. Esa es la parte de todo este asunto que menos me interesa.

MOREL: Vendrá ¿Vendrá el jefe alguna vez?

PEDRO: Quizás… quizás venga… O no… ¡quién sabe!

MOREL: La incertidumbre… La incertidumbre es lo que más me afecta. Siempre tuve miedo a la incertidumbre.

PEDRO: (*Con ironía.*) Por eso es usted agente de seguros, Morel.

MOREL: (*Percibe la burla.*) ¿Por qué se ríe de mí?

PEDRO: Porque me resulta un tipo grotesco, Morel.

MOREL: No entiendo… No entiendo por qué usted actúa como actúa. No entiendo por qué la gente tiene que actuar como usted.

PEDRO: Son muchas incógnitas, Morel. Debió haberse dedicado a resolverlas en lugar de perder el tiempo en masajes.

MOREL: ¿Qué es lo que yo les he hecho a ustedes? ¿Por qué me tratan de esta forma?

PEDRO: (*Perdiendo la paciencia.*) ¿A qué viene ese lloriqueo baboso, Morel? ¿Por qué carajo me está lloriqueando al oído todo el tiempo? ¿Quién le ha hecho nada a usted? ¿Acaso alguien lo ha golpeado o maltratado aquí dentro? Usted está más aterrado de sí mismo que de nosotros, Morel. Usted tiene miedo de su cobardía, de su blanda y estúpida cobardía. Diariamente, Morel, cada hora, cada segundo, decenas, centenares de hombres son golpeados, torturados, masacrados en las cárceles por seres que tienen su misma apariencia, Morel; y ninguno de ellos cuestiona nada. No les dan tiempo. No les dan tiempo a preguntarse por qué existen en el mundo seres como esos, tipos capaces de acariciar a sus hijos con la misma mano que minutos antes apretaba testículos de algún infeliz. Yo estuve dos años en ese infierno, Morel. Y me hace acordar a todos ellos. Usted tiene la misma cara que los carceleros. Usted habla y piensa como los fiscales, como los jueces y nadie, Morel, se pregunta allí dentro si toda esa masa de infelices sin rostro tiene sentimientos. Para ellos son culpables, como si la culpa fuese una enfermedad con la que están inmunizados. Como si la culpa solo habitase en las cárceles, en los reformatorios.

MOREL: (*Abrumado.*) Yo… Yo nunca he estado de acuerdo con el sistema carcelario…

PEDRO: ¡No sea idiota, Morel! ¡No sea absurdamente idiota! Usted me devolvería con satisfacción a todo eso si yo le diera la oportunidad.

MOREL: Pero… ¿quién lo ha obligado a elegir ese camino? Nadie lo ha obligado a delinquir.

PEDRO: ¿De veras, Morel? ¿De veras piensa que nadie me ha obligado? ¿Puede usted, ser tan imbécil de pensar que uno elige esta vida como quien decide hacerse médico? ¿Usted imagina, querido Morel, que un buen día me he puesto yo a decidir entre convertirme en abogado, agente de seguros o delincuente?

MOREL: Bueno, ¿y quién lo arrastró entonces? ¿La sociedad? Yo no soy la sociedad. ¿Tuvo una infancia difícil? ¿Qué cree que tuve yo? ¿Por qué tengo que pagar el daño que le han hecho en la cárcel?

PEDRO: Se equivoca, Morel. No me defrauda. Sigue siendo tan estúpidamente ciego que es incapaz de darse cuenta de nada. Le ponen un espejo los ante los ojos y usted se ríe de la imagen como si no le perteneciera. Usted forma parte del complot, Morel. ¡Usted es un colaboracionista!

MOREL: ¿Qué complot? ¿De qué complot me está hablando?

PEDRO: ¡Usted ha complotado contra mí, Morel!

MOREL: (*Espantado.*) ¡Está loco! ¡Yo no tuve nada que ver! ¡Yo no sé de ningún complot!

PEDRO: No lo niegue, Morel. Usted ha colaborado con ellos. Usted ha dejado hacer. Ha callado, Morel, y esa es la forma más repulsiva de colaboración. Usted lee tranquilamente su diario por la mañana Y calla, Morel. No cuestiona. No se plantea que detrás de cada noticia policial hay un ser humano, Morel, dos manos, piernas, ojos. Un ser humano que un buen día es arrojado en una jaula y tratado como un animal salvaje. Custodiado por retardados, sádicos, viciosos pagados con el dinero de su contribución, y usted colabora, Morel, diariamente, y se siente satisfecho de verse protegido. Y cuando de pronto cae en la cuenta de que no hay protección, de que lo han dejado solo, me acusa a mí en lugar de acusarse usted mismo.

MOREL: Eso no es cierto. Nadie me ha dejado solo. Usted no se da cuenta. Esto es una sociedad organizada. Y cada individuo que vive de acuerdo con las leyes de esa sociedad está protegido. Ese es el error en que caen normalmente todos… Todos los… delincuentes. Creerse más inteligentes que los demás. Pero no, yo no estoy solo. Hay toda una maquinaria montada para protegerme. En cuanto todo esto se haga público. Decenas, centenares de policías comenzarán a rastrear todas las áreas. El círculo se irá cerrando y finalmente van a caer sobre ustedes. Y usted irá nuevamente a parar a la cárcel a gritar su inocencia. (*Vehemente.*) ¡Pero usted no es inocente! ¡Usted se ha tomado revancha sobre un ser indefenso!

PEDRO: ¿Indefenso? Hace un instante me hablaba de la máquina montada para protegerlo. De los centenares de policías que vendrán a retorcerme el cuello. ¿Qué clase de indefenso es usted, hipócrita? ¡Si hasta mi amigo le ha dado oportunidad de defenderse!

MOREL: ¡Eso no era una oportunidad, eso era suicidio! Él sabía que iba a vencerme. ¡Yo no soy ningún deportista!

PEDRO: Creí escuchar lo contrario. Morel. Creí escuchar que jugaba al tenis los fines de semana. Creí escuchar de los baños turcos y los masajes. (*Grita.*) ¡Ninguno de nosotros ha tomado un baño turco en su vida!

MOREL: Es diferente, usted sabe que es diferente.

PEDRO: ¡Claro que es diferente, Morel! Porque usted no quería ensuciarse. Lo aterraba la idea de recibir un golpe en esa pielcita tersa a fuerza de masajes. Prefería carcomerse de angustia esperando la máquina, ¿no, Morel? Esa máquina que usted paga con el dinero de sus impuestos. Pero piense un instante, Morel. ¿Qué pasa si todo eso no ocurre? ¿Qué pasa si su débil y enferma mujercita decide no pagar el rescate? ¿Qué pasa si no hay denuncia?

MOREL: Oh, no tema, ella va a denunciarlo.

PEDRO: Yo no temo, Morel. Es usted el que tiene que temer. Porque… quizás esta vez sea ella quien se tome una pequeña venganza, ¿eh, Morel? Una travesura…

MOREL: (*Duda.*) No, no, ¿por qué iba ella a hacerlo?

PEDRO: No sé, Morel. ¿Por qué lo hizo usted?

MOREL: (*Cada vez más angustiado.*) Es diferente. Es totalmente diferente.

PEDRO: (*Tranquilo.*) Quizás… Quizás lo sea, Morel. Usted debe saberlo. Pero… Puede que ella sospeche lo que usted le hizo, ¿no?

MOREL: (*Desecha la idea.*) ¡No, no, es absolutamente imposible!

PEDRO: Las mujeres tienen un especial instinto para estas cosas. Y una refinada mente para la venganza…

MOREL: ¡No sea absurdo! Ella no haría tal cosa.

PEDRO: Usted la conoce, no yo… Pero… En realidad… ¿qué es que ella iría a denunciar? Me dijo hace un rato que nadie pensaría en un secuestro.

MOREL: Bueno, pero si ustedes han pedido rescate…

PEDRO: Yo no dije que lo hubiésemos hecho, Morel. No hice más que suponer. De modo que… ¿qué quedaría para denunciar?

MOREL: ¡Usted está tratando de atemorizarme!

PEDRO: Yo solo estoy tratando de hacerlo pensar.

MOREL: Bueno, ella se pondrá intranquila. Siempre se intranquiliza cuando no vuelvo a casa a tiempo.

PEDRO: De modo que hubo otras veces, Morel. Muchas otras veces que usted no volvió a tiempo y ella se intranquilizaba. Pero no hubo denuncias entonces…

MOREL: ¡Pero esta vez es diferente!

PEDRO: Para usted, Morel. Para usted es diferente. No para ella. Ella, seguramente se limitará a… intranquilizarse.

MOREL: (*Trata de aferrarse a sus últimas certezas.*) ¡Pero hay un límite! Hay un límite de tiempo. Después comenzará a pensar que algo pudo haberme pasado.

PEDRO: ¿Cómo qué, Morel?

MOREL: Un accidente. Pensará en un accidente.

PEDRO: ¡Vamos, Morel, sea realista! No va a decirme que ella no sospecha su… aventurita sin importancia.

MOREL: ¡Claro que no sabe nada!

PEDRO: ¿Se comporta tan bien con ella en la cama?

MOREL: ¡No pienso responderle a preguntas de esa índole!

PEDRO: Solo estoy tratando de ayudarlo, Morel. De hacerle ver las con claridad. (*Confidente.*) ¿Cuánto hace que no duerme con ella, Morel?

MOREL: (*Inseguro.*) Tres… Tres años. ¡Pero es por la enfermedad!

PEDRO: Desde luego, Morel… ¿Tan tonta la cree?

MOREL: Bueno, quizás sospeche. ¿Qué importancia tiene?

PEDRO: Mucha, mi querido. Porque eso puede llevarla a pensar que ha resuelto pasar la noche fuera de casa.

MOREL: ¡No, yo nunca he hecho una cosa así!

PEDRO: Pero siempre hay una primera vez. Las mujeres lo saben, Morel. Y ninguna mujer es tan tonta de ir a denunciar la infidelidad a la policía.

MOREL: (*Apabullado.*) Bueno… Es posible…

PEDRO: De modo que está usted solo, Morel. La máquina no se ha puesto en movimiento. Usted ha pagado sus impuestos puntualmente y lo han estafado. Es usted una víctima del Estado, Morel. Afuera el mundo sigue girando sin Morel. Afuera la gente va a los cines sin Morel. Afuera la gente mastica, bebe, fornica sin Morel. MOREL NO ES IMPORTANTE PARA NADIE. Morel está absolutamente solo.

(*Por primera vez, Morel se hace totalmente consciente de su desvalidez. Permanece sentado, abatido, recreando esa imagen angustiante de abandono. Entra Martín. Esta vez, Morel no se sobresalta. Ni siquiera se esfuerza en levantar la vista. Martín entra sin mirarlo.*)

MARTÍN: (*A Pedro.*) La ruta está vacía. No se ve pasar un alma. (*Se quita la campera y deja el rifle sobre la cama.*) Tengo hambre. ¿No hay nada para comer?

PEDRO: Latas.

MARTÍN: ¡Latas! Mi propio estómago parece una lata. Hace tres días que estoy constipado.

PEDRO: (*Con ironía.*) Lo lamento. Despedí al cocinero por mear en el caviar.

MARTÍN: (*Sin humor.*) Ya sabés lo mucho que me divierte tu humor de estudiante universitario.

PEDRO: No tengo otro.

(*Pausa.*)

MARTÍN: Podría haber traído una liebre pero la estropeé.

PEDRO: ¿Qué decís?

MARTÍN: Que la estropeé. Le metí tantas balas que quedó inservible.

PEDRO: ¿Por qué tuviste que meterle tantas balas?

MARTÍN: No sé. No entiendo bien qué pasó. El primer tiro no la mató. Se quedó ahí, acurrucada, esperando que la rematen, mirándome con su par de ojos estúpidos. Me hizo sentir mal. Cuando me di cuenta, le había vaciado el cargador.

PEDRO: Eso fue una boludez.

MARTÍN: Debí haber pensado en las latas. Pero no recuerdo haber pensado en nada en ese momento. (*Repara en Morel.*) ¿Qué hay con él?

PEDRO: (*Significativo.*) Depresión. El amigo Morel se siente deprimido.

MARTÍN: Ahora que lo veo, pienso que fue él quien me obligó a balear a la liebre.

PEDRO: ¿Tiene cara de eso?

MARTÍN: No me refiero a la cara.

PEDRO: (*Con intención.*) Yo creo que podría matar un sapo pensando en él. (*A Morel.*) ¿Eh? ¿Qué me dice, Morel? Especialmente cuando empieza a hinchar el vientre. Podría matarlo perfectamente.

(*Morel dirige hacia él una mirada vacía.*)

MARTÍN: Me gustaría cagar de una vez por todas. Siento como si hubiera comido cemento. (*Se aprieta el vientre.*) Nada se mueve aquí dentro.

PEDRO: Quizás Morel pueda ayudarte.

MARTÍN: (*Convencido.*) No podría. Solo me ayudaría a vomitar.

PEDRO: Pues yo insisto en que Morel tiene propiedades laxantes. Sí, casi estaría dispuesto a asegurarlo. (*A Morel.*) ¿Qué dice, Morel? ¿Podría ayudar a mi amigo a mover el vientre?

(*Silencio de Morel.*)

PEDRO: Se niega. Es un desalmado. El amigo Morel no tiene consideración alguna por el intestino ajeno. Solo le preocupan sus propios intestinos. Todo un tesoro de propiedades laxantes y se lo reserva para sí. ¡Qué egoísmo!

(*Silencio de Morel.*)

MARTÍN: No creo que pueda ayudarme nada mientras tenga solamente latas para comer.
PEDRO: Morel podría. Pero tiene el típico egoísmo de la clase media.
MARTÍN: Lamento haber echado a perder esa liebre.
(*Pausa.*)
PEDRO: No creo que debamos dejar pasar la cosa como si nada.
MARTÍN: ¿Qué cosa?
PEDRO: La falta de cooperación de nuestro amigo Morel. No deberíamos tolerar este tipo de insurrecciones.
MARTÍN: Si él no estuviese aquí podría cagar perfectamente. Me pone nervioso.
PEDRO: Yo creo que eso merece un castigo.
(*Morel vuelve a ponerse tenso. Suda copiosamente. Se enjuga la frente con un pañuelo.*)
MARTÍN: Este tipo va a traernos complicaciones. Lo siento aquí, en el estómago. Me gustaría deshacerme de él.

PEDRO: Todo le ha ido demasiado bien hasta ahora. Creo que en el fondo se ríe de nosotros. Debe considerarnos un par de charlatanes indecisos.

MARTÍN: Creo que podría matarlo. Creo que podría matarlo sin sentir remordimientos, como si pisase una cucaracha.

(*Morel ya no puede disimular el terror. Sus ojos tienen una mirada despavorida.*)

PEDRO: Sería un crimen perfecto. Sin testigos ni motivo aparente. La esposa nos estaría agradecida. La sufrida y doliente esposa del amigo Morel cobraría el seguro y nos estaría agradecida. Sería un solemne acto de justicia.

MARTÍN: (*Decidido.*) Sí, creo que no debemos perder más el tiempo con él.

(*El cuerpo de Morel se agita por temblores convulsivos. Sorprendentemente se abalanza sobre la puerta.*)

MOREL: ¡Socoooorrooooo!

(*Pedro va tras él y tomándolo por el saco lo obliga a volver a la habitación.*)

PEDRO: (*Hay una diversión oculta en sus actitudes.*) ¡Epa! ¿Dónde cree que va?

(*Morel es ahora una piltrafa. La cabeza le cae blandamente sobre el pecho. Se siente incapaz de mirar a nadie a los ojos.*)

MOREL: (*En un murmullo.*) Déjenme ir… Se los ruego… Déjenme ir.

PEDRO: ¿Qué pasa, Morel? Nadie ha decidido nada aún. No tiene por qué temer.

MOREL: (*Descontrolado.*) Me siento muy mal. Me siento muy mal.

PEDRO: Tranquilícese, Morel. Voy a hablar con mi amigo. Quizás pueda convencerlo de que no debe hacerle daño.

MOREL: Por favor, se lo ruego… Quiero vivir… Tengo que vivir.

PEDRO: No exagere, Morel. No está obligado a hacerlo.

MOREL: Yo… Yo haría cualquier cosa… ¡Cualquier cosa!

PEDRO: Tampoco se comprometa, Morel. Es un momento muy delicado.

MOREL: Se lo aseguro, cualquier cosa. Solo quiero vivir…

(*Pedro abraza a Morel con actitud paternal. Hay una enorme burla en su actitud. Morel lo deja hacer mansamente.*)

PEDRO: (*Lo palmea.*) Tranquilícese, mi querido. Quizás podamos volver a ser amigos. (*Lo conduce hacia una silla.*) Venga siéntese, voy a convidarlo con un cigarrillo.
(*Morel se sienta. Pedro le tiende un cigarrillo.*)
PEDRO: Tenga, fume.

(*Morel enciende el cigarrillo. Pita ansiosamente.*)

PEDRO: No tiene que perder las esperanzas, Morel. Quizás la cosa no ande tan mal después de todo. Usted tiene algún dinero todavía, ¿verdad?

MOREL: (*Desconfiado.*) ¿Por qué? ¿Por qué lo dice?

PEDRO: Digo que… Quizás su mujer se ha decidido a pagar el rescate pese a todo.

MOREL: (*Ansioso.*) ¡Oh, sí, claro! ¡Ella debe haberlo hecho!

PEDRO: ¿Cuánto podrá pagar, Morel? ¿Podría pagar diez millones?

MOREL: (*Confuso.*) ¿Diez millones?

PEDRO: Diez millones, Morel. ¿Podría pagarlos?

MOREL: (*Titubea.*) Que… Quedaríamos sin nada.

PEDRO: (*Comprensivo.*) Tendría que empezar nuevamente de cero, Morel.

MOREL: (*Hay algo de autómata en sus réplicas.*) Sí, sí, tendríamos que empezar de cero.

PEDRO: Pero eso no va a ser muy difícil para usted, ¿verdad?

MOREL: (*Igual.*) ¿Difícil?

PEDRO: Me refiero a que aún le quedan sus relaciones, su cartera de clientes, Morel.

MOREL: Sí, claro, así no sería tan difícil…

PEDRO: Sería como… (*Significativamente.*), quince años atrás, Morel. Como si de pronto volviese quince años atrás.

MOREL: Sí, sería lo mismo.

PEDRO: Solo que ahora sería más sencillo, Morel. Ahora no tendría sacrificar nada.

MOREL: ¿Sacrificar?

PEDRO: Porque debe usted haber sacrificado mucho entonces, ¿eh, Morel?

MOREL: Bueno, sí, fue muy difícil al principio.

PEDRO: Sacrificar, Morel. Hablo de sacrificar.

MOREL: (*No logra atrapar el sentido que van tomando las cosas.*) Sí, he sacrificado mucho. He sacrificado bastante.

PEDRO: Usted estaba decidido a llegar, ¿no es cierto? A costa de cualquier cosa…

MOREL: Sí, yo quería llegar. Todo fue siempre muy difícil para mí, ¿me entiende?

PEDRO: De modo que no importaba cuánto tuviese usted que sacrificar.

MOREL: No, no importaba. Yo… Estaba decidido…

PEDRO: ¿Cómo fue, Morel? ¿Cómo hace uno para juntar diez millones?

MOREL: Yo trabajé, trabajé mucho.

PEDRO: Cuénteme, Morel. Ahora somos amigos.

MOREL: Sí, sí, somos amigos…

PEDRO: (*Sin tregua.*) Y debemos saberlo todo el uno del otro, Morel. Que todo lo pasado no se vuelva a repetir. Para que pueda volver a su casa una vez que todo haya terminado.

MOREL: (*Ansioso.*) Si, por favor, quisiera volver a casa… Después de todo.

PEDRO: ¡Claro, Morel! Ahora, vamos, enséñeme a hacer diez millones de pesos.

MOREL: Yo… Yo he trabajado… duramente.

PEDRO: Lo sé, Morel. Noche y día. Siempre sonriéndole a los demás. Siempre aceptando cosas de los demás.

MOREL: (*Arrastrado por las palabras de Pedro.*) Sí, fue así. Tuve que aceptar cosas…

PEDRO: Lo humillaron, ¿eh, Morel? Lo humillaron bastante al principio, ¿no es cierto?

MOREL: Bueno, uno debía soportar algunas cosas…

PEDRO: Me imagino, Morel. Mi amigo aquí presente también lo sabe. No va a haber más daño en adelante, Morel.

MOREL: Le agradezco. Le agradezco sinceramente.

PEDRO: No es necesario, Morel. Solo cuéntenos acerca de esos diez millones.

MOREL: (*No comprende exactamente qué se espera de él.*) He sido… paciente.

PEDRO: Claro, Morel. Pero eso no es aún toda la verdad.

MOREL: (*Confundido.*) ¿La verdad?

PEDRO: Sí, Morel. Piense… Hubo algo, ¿no es cierto? O alguien…

MOREL: (*Trata de ordenar sus pensamientos.*) Mi jefe. Él me dio la gran oportunidad. Él me dio una buena mano... Yo... Yo siempre se lo agradecí.

PEDRO: ¿Cómo fue de buena esa mano, Morel? ¿Cómo fue esa oportunidad?

MOREL: Él me dio una cartera, ¿sabe? Eso fue mucho. Empezar con una cartera hecha... ¡Bueno, eso es una gran cosa!

PEDRO: (*Lo apremia.*) ¿Por qué lo hizo, Morel? ¿Por qué le dio esa cartera?

MOREL: Bueno, él quería ayudarme...

PEDRO: ¿Cuándo fue?

MOREL: Hace bastante... Eso fue al principio. Después... Después del nacimiento de Beba, la mayor.

PEDRO: Usted le cayó simpático, ¿eh, Morel?

MOREL: (*Más animado.*) Bueno, sí, yo...

PEDRO: Usted se dio cuenta de que él podía ayudarlo.

MOREL: (*El asedio de Pedro no le permite pensar.*) Sí, yo... Yo sabía que él tenía una cartera...

PEDRO: (*Da vueltas en torno a él.*) ¿Cómo fue, Morel? ¿Lo agasajaba? ¿Empezó a invitarlo a su casa?

MOREL: Sí, él... él vino varias veces a casa y...

PEDRO: ¿Y se hizo como de la familia, Morel?

MOREL: Bueno, sí, se hizo un poco como de la familia.

PEDRO: (*Dispara la frase de sorpresa.*) ¿Y cuándo se le metió en la cama a su mujer, Morel?

MOREL: (*Desconcertado.*) ¿Qué... qué dice?

PEDRO: (*Enérgico.*) Pregunto cuándo se le metió en la cama a su mujer.

MOREL: Usted no debe decir esas cosas. Eso no es cierto.

PEDRO: (*Firme.*) ¡Conteste, Morel! ¿Cuándo fue?

MOREL: Yo... Yo no voy contestarle.

PEDRO: Por eso le dio la cartera, ¿no es cierto?

MOREL: (*Aturdido.*) ¡Usted no debe decir esas cosas!

PEDRO: (*Implacable.*) Y usted lo supo, Morel, y no tuvo el valor de reaccionar, ¿no es así?

MOREL: (*Histérico.*) ¡Eso no es cierto! ¡No diga eso!

PEDRO: Su segunda hija no fue ningún descuido, ¿eh?

MOREL: ¡Sí, fue un descuido, se lo aseguro!

PEDRO: ¡Fue una venganza, deliberada, Morel!

MOREL: (*Desesperado.*) ¡No, no, tiene que creerme!

PEDRO: ¡Usted lo sabe, Morel! ¡Reconózcalo!

MOREL: ¡Déjeme en paz! ¡Déjeme en paz!

PEDRO: ¡Usted sabía que ella podía morir en ese parto!

MOREL: ¡No, no iba a morir! El médico dijo que no había peligro de muerte. ¡Ella fue peor que yo! Ella ni se molestaba en disimularlo.

PEDRO: Porque sabía la clase de basura que era usted.

MOREL: (*Fuera de sí.*) ¡Yo lo hice por ella! ¡Yo necesitaba esa cartera! Ella me reprochaba que yo nunca llegaba a nada. Y cuando surgió la posibilidad de conseguir esa cartera, ella me incitó a que lo invitase. Éramos cinco agentes peleando como perros por la cartera. Y cuando uno ofrecía diez el otro ofrecía el doble. Estábamos sentados, cenando, y ella me dijo que no volviese a casa si no conseguía esa cartera. Me dijo que no aguantaría vivir una hora más con un fracasado. Me dijo que no me volvería a dar otra oportunidad y cuando le dije que ya había ofrecido todo cuanto podía, me dijo eso no era cosa de ella, que uno siempre podía ofrecer algo más. Entonces yo fui a ver a mi jefe y le dije que tenía una nueva propuesta que hacerle, que viniera a casa. Y él vino a casa una vez y otra y las visitas se fueron haciendo cada vez más frecuentes, Y cuando me llamó y me dijo que lo había pensado bien y que la cartera era mía y yo fui y se lo conté a ella… ¡ella se largó a reír! Se reía todo el tiempo y me decía que yo no había conseguido nada, que todo lo había conseguido ella. Y desde entonces, cuando yo volvía de noche, después de un día matador, ella estaba en la cama y me preguntaba, "¿cómo va mi cartera, queridito?" y se largaba a reír, Yo, yo solo quise darle una lección… no quise…realmente… hacerle daño…

(*Por primera vez Morel cae en la cuenta de lo que acaba de decir. Con una expresión enajenada busca la mirada de uno y otro, tratando de encontrar alguna justificación. La expresión de Martín es de absoluta indiferencia. Pedro tiene una mirada de repulsión. Se crea un largo silencio, Morel parece haberse desconectado del ambiente.*)

PEDRO: Ha sido una larga jornada, Morel.

(*Morel permanece en la misma actitud.*)

MARTÍN: Creo que voy a ir finalmente al baño. (*Martín se dirige al baño y cierra la puerta.*)
MOREL: (*Con la mirada perdida.*) Es… extraño… como me siento. Es extraño cómo uno puede llegar a sentirse…

(*Pedro va hacia la puerta de calle y la abre.*)

PEDRO: (*Calmo.*) Váyase, Morel.
MOREL: (*No reacciona.*) ¿Qué dice?
PEDRO: ¡Digo que se vaya!
MOREL: ¿Irme?
PEDRO: Sí, idiota, váyase,
MOREL: ¿Dónde… dónde voy a ir?
PEDRO: (*Perdiendo la paciencia.*) ¡A su casa, estúpido! ¡Vuélvase a su paraíso perdido! Ya he escuchado demasiado esta noche.
MOREL: Pero ¡tiene que venir el jefe!
PEDRO: No hay jefe, ¡váyase!
MOREL: Mi mujer tiene que haber pagado diez millones. El jefe va a venir a decírselo…

PEDRO: Su mujer no pagaría dos centavos por usted, pero da lo mismo, ¡váyase!

MOREL: Ella tiene que haber pagado… Ella me necesita de vuelta. ¡Tiene que haber pagado! ¡Quiero esperar al jefe!

(Morel está de pie en el centro de la habitación, Pedro lo toma del brazo y lo empuja fuera de la casa. Cierra la puerta. Va a la alacena y toma un par de latas. Vuelve con ellas a la mesa. Se escucha el ruido de la caída de agua en el inodoro, Martín vuelve a la habitación y se sienta a la mesa silenciosamente, Pedro abre las latas y comienzan a comer. Se escuchan dos golpes en la puerta. Ambos se miran, Pedro se pone de pie y va hacia la puerta. Los golpes se repiten más firmes, Pedro abre la puerta, La figura descompuesta de Morel aparece en el vano.)

MOREL: Quiero esperar al jefe. Ella tiene que haber pagado esos diez millones. Ella me necesita

EL TELON CAE LENTAMENTE

*¿Qué clase de lucha es la
lucha de clases?*

Beatriz Mosquera

PRIMERA PARTE

(*Hugo solo en escena. Toca el bongó. Primero lentamente y luego con creciente desesperación. El ritmo crece hasta la rebelión. Cuando parece que va a estallar se detiene. Lito pasa semidesnudo hacia el baño. Hugo lo mira significativamente y sale tras él. Un grupo de muchachos irrumpen jugando al basquet. Todo el juego tiene algo de salvaje, de liberación de reprimido. Primero tiran al aro y luego se colocan enfrentados y se tiran la pelota con fuerza.*)

IGNACIO: (*Golpea las manos.*) ¡Acá Tuchi! (*Recibe la pelota y se la lanza con fuerza a Tuchi.*)

TUCHI: ¿Para qué? (*Se la devuelve a otro compañero.*)

PESADO: Para el ensayo. (*Se la arroja a Tuchi con fuerza.*)

TUCHI: Me importa un carajo. (*Amaga hacia Lito y se la tira a Ignacio.*)

IGNACIO: (*Con bronca a Tuchi.*) ¿Qué decías del ensayo?

TUCHI: Me lo paso por el culo. (*A Lito.*)

LITO: (*Lito a Ignacio*) ¿Vas a trabajar con nosotros?

IGNACIO: ¡Claro! (*A Tuchi.*) Y vos, ¿armás el gigante con nosotros?

TUCHI: (*Cargador.*) ¡Claro! Para la fiestita de mañana. (*Se la tira al Pesado con violencia.*)

PESADO: (*La recibe y la tira con más violencia.*) Yo creía que te ibas a tomar un café con los guardianes. (*Tuchi se avalanza para golpearlo. Otros lo paran.*)

ADRIÁN: Déjense de joder. ¿Jugamos un partidito?

IGNACIO: ¡Dale! ¡Ya! (*Se organizan dos grupos y empiezan a jugar cuando se escucha el silbato del celador. Entra y los mira con odio.*)

CELADOR: Formen fila, queridos… (*Ellos se forman de mala gana y molestan entre sí.*) ¡Queridos! Ahora vendrán las niñitas del Santa Isabel, y les podrán tocar el culo, siempre que lo hagan con discreción y respeto. (*Pausa. Hace sonar los dedos.*) ¡Rosco! (*Entra Rosco con las manos atadas a la espalda.*) Aquí tienen al querido director de la función, (*Lo señala con sorna.*) a quien hemos tenido el placer de tener ocho días a pan y agua, por mala conducta. Y a quien es muy probable, que después de la función, terminemos dándole un tiro por la espalda. (*Sonríe.*) Gracias a Dios, no faltan zanjas en este bendito país. Espero que la obra sea un éxito y las autoridades de esta "Honorable Casa", les sigan dando las libertades que ustedes se merecen. (*Los mira con bronca contenida. Va a salir, pero se detiene.*) ¡Ah! Esmérense en la construcción del muñeco ese. No vaya a ser que mañana, en medio de la representación, se les caiga encima y los aplaste a todos.

ROSCO: No se preocupe, nosotros lo vamos a aplastar a él.

CELADOR: Decime pichoncito, ¿todavía te quedan ganas de contestar?

ROSCO: (*Lo mira.*) ¡Todavía!

CELADOR: (*Le descarga una violenta trompada.*) ¿Y ahora? (*Rosco se dobla y cae. El celador lo levanta con fuerza y le saca las cadenas de las manos.*) Esperá que pase la función (*Sale rápidamente. Adrián hace un sonido grosero. Cuando quedan solos con Rosco hay una explosión de alegría por su regreso. Se acercan, lo levantan y lo tiran por el aire. Luego lo arrojan al suelo y fingen torturarlo.*)

ROSCO: Larguen, che. ¡Larguen! (*Se ríe.*)

TUCHI: (*Se acerca e imita la picana. Se la pasa por el pecho.*) ¡Decí! ¡Confesá! ¿Te la das de sindicalista? ¿Por qué? ¿Querés levantar los muchachos del reformatorio? (*Lo golpea en la cara*) ¡Hablá!

IGNACIO: (*Lo empuja a Tuchi.*) ¡Salí! ¡Animal! (*El grupo se separa. Rosco queda sentado en el suelo, Tuchi se separa, el Pesado lo quiere golpear.*)

ROSCO: ¡Dejá Pesado! ¡Dejá! (*Se miran entre ellos. Adrián tiene la pelota en la mano y la hace botar. Poco a poco se desvanece la tensión. Rosco mira a Adrián.*) ¿Ahora vienen las pibas? (*Adrián asiente.*) ¿Qué tal si organizamos un partido hasta que lleguen?

TUCHI: ¡Ya está! "Organicemos"… Organicemos…

ROSCO: ¿Y qué? ¿Acaso no sabés que en la confusión son ellos, (*Señala hacia arriba donde está el Celador.*) los de arriba los que ganan?

TUCHI: ¡Ma sí! Sos un fanático.

ADRIÁN: (*Con la pelota en la mano, listo para hacer el salto.*) ¡Vamos muchachos! La mano abajo, sin fau. (*El Pesado salta por un bando y Tuchi por el otro. Saltan. Tuchi lo empuja y el Pesado cae. Se levanta amenazante y va hacia Tuchi. Este dispara.*)

TUCHI: ¡Agárrenlo que me mata!

(*Entra el Celador y toca el silbato. Las chicas lo siguen a cierta distancia.*)

CELADOR: ¡Queridos! Ya pueden empezar el ensayo. Acá están las chicas. Y no se olviden que los estamos mirando. (*Sale. Las chicas quedan en un extremo. Poco a poco avanzan hacia el centro de la escena. Los muchachos las rodean con intenciones procaces. Se escucha un grito desgarrado, como el de algunos animales en celo.*)

HUGO: ¡Olor a mujer! ¡Huelan! Huelan. (*Se arrastra e intenta morderle las piernas a Cecilia. Ella grita y dispara. Ignacio les ofrece una silla. Realizan una serie de juegos. Hugo acaricia la silla, la besa y la lame como si fueran las mujeres. Otro se la arrebata y les ofrece la silla a las chicas. Estas se sientan. El Turco se acerca con cierta timidez y muy ceremonioso les extiende la mano.)*

TURCO: ¡Hola! ¿Cómo están? (*Todos lo cargan y empiezan a saludarse entre sí repitiendo: "hola". Terminan timando al Turco entre cuatro.)*

ROSCO: ¡Che! ¡Acaben con esto! Tenemos que empezar el ensayo.

TUCHI: (*Lo enfrenta provocador.*) ¡Pero quién te creés que sos! ¿Qué tenés en el mate? (*Se golpea la cabeza.*) ¿Pensás que los vas a cambiar? Ellos son así.

ROSCO: ¿No te das cuenta, Tuchi? ¿Que cuanto más brutos seamos, menos peligros corren?

TUCHI: ¡Salí! Sos un delirante que no sabe nada de ellos. ¡Y encima!, se cree superior.

ROSCO: En vez de tirarte conmigo, por qué no decís que si termináramos con este sistema de internado, los muchachos no tendrían que hacerse la paja tres veces por día.

PESADO: Che, ¿qué es sistema?

ROSCO: Tenemos que usar sus debilidades y aprovechar sus contradicciones.

PESADO: ¿Qué dijo? ¿Contra qué?

TUCHI: ¡Míralo! No te entiende. ¿Para qué le hablás tanto?

ROSCO: Escuchá Pesado, hasta hace poco nos tenían a golpes y a manguerazos. ¿Es así? (*El Pesado asiente.*) Ahora nos dejan hacer teatro. Tenemos que aprovechar la oportunidad y levantar el gigante. Cada uno de nosotros debe saber cómo son sus enemigos, para poder luchar contra ellos (*Algunos se han desinteresado de las palabras de Rosco y se pelean por agarrar al Turco.*) ¡Terminen! (*Los separa con energía.*) ¡Allá están los enemigos! (*Señala hacia arriba.*) Ellos vigilan, ellos confunden y encima hasta compran a los nuestros.

HUGO: ¡Acabala Rosco! Me tenés las pelotas infladas.

(*Un grupo tiene agarrado al Turco y Cecilia se acerca provocadora*)

CECILIA: ¡Dejámelo a mí! (*Se acerca a él e intenta desnudarlo. El Turco se defiende. Rosco se siente superado por la situación y observa desde lejos.*)
HUGO: ¡A ver, Turquito! Muestre la chauchita.
TURCO: ¡No! ¡Dejáme! Yo me desnudo solo.
ADRIÁN: ¡Bien Turco!
IGNACIO: ¡Ah! ¡Macho!
HUGO: Que lo haga.

(*El Turco empieza a desnudarse. Hugo lo toma como un desafío y empieza el duelo entre ellos dos. El duelo termina cuando entra el Celador con el silbato.*)

CELADOR: ¿Qué pasa? ¿Por qué no empezaron con el ensayo? (*Los mira con odio.*) Así tendrían que verlos los que quieren mano blanda.

(*Hugo y el Turco escaparon semidesnudos.*)

ROSCO: ¿A esto le llama mano blanda? Si nos tienen encerrados.
CELADOR: (*Terminante.*) ¡Porque no tienen una persona responsable, que se haga cargo de ustedes!
HUGO: ¿Y quién le dijo que necesitamos tutores?
CELADOR: ¡Silencio! ¡Se acabó! (*Se acerca a Hugo.*) Yo no soy de los que dialogan. ¡Cuidado conmigo! (*Los mira.*) Aquí falta uno
LITO: Está en el baño.
IGNACIO: Se descompuso. (*Se escucha un sonido muy elocuente, proveniente del baño.*)
CELADOR: ¡Nada de trucos!, la próxima vez suspendo el ensayo. (*Sale*)

ROSCO: ¡Basta de joda, che! Vamos a ensayar. Esto que nos pasa ahora…

ADRIÁN: (*Lo interrumpe haciéndose el marica.*) A mí no me pasa nada, ¡morocho!

ROSCO: Aunque no me quieran escuchar, esto que nos está pasando, ya lo escribió Alberdi hace más de cien años.

ADRIÁN: (*Siguiendo con el juego.*) ¿Será cierto que estamos tan atrasados?

ROSCO: ¿Por qué seguimos jodiéndonos y peleándonos entre nosotros? Allá (*Señala hacia el lugar del Celador.*) arriba están ellos, ¡cagándose de risa!

HUGO: ¡Largá flaco! ¿Me tenés bronca?... (*Gesto grosero.*)

ROSCO: ¿Por qué me tenés bronca? Yo no soy tu enemigo.

TUCHI: ¡No! Sos un piantado. Hablás y nadie te entiende, y querés cosas que nadie quiere.

IGNACIO: (*A Tuchi, con bronca*) ¡Calláte! ¡Estoy con Rosco! Tenemos que luchar para salir del reformatorio.

SUSANA: Ignacio tiene razón. Estoy con Rosco.

PESADO: ¡Y yo también! ¿Qué hay?

ADRIÁN: Y yo no estoy con nadie. (*La toma a Cecilia y la besa.*) Mejor dicho, estoy ella.

ROSCO: Tenemos que armar ese gigante que nos domina para aprender a conocerlo parte por parte. ¿Están de acuerdo?

IGNAGIO: ¡Dale! Vamos a empezar. Ayudame Pesado, primero le rellenamos la panza.

TURCO: ¡Un momentito! Antes tengo que resolver un problema personal.

HUGO: ¡Cagamos!

TURCO: (*Se enfrenta con Cecilia.*) Vos me querías desnudar, ¿no? Te querías reír de mí.

CECILIA: Un poco.

TURCO: Si sos tan valiente, ¿por qué no te desnudás vos?

HUGO: ¡Bien! La rata de biblioteca se decidió.

LITO: (*A Cecilia.*) ¡Dale che! Aceptá el desafío.

SUSANA: No le hagas caso Cecilia.

HUGO: (*A Susana.*) ¡Dejala biscocho! Vos porque no tenés que mostrar.

IGNACIO: ¡¡Arriba Cecilia!! Que empiece de una vez.

CECILIA: (*Los mira a todos.*) Está bien… (*Empieza.*)

PESADO: ¡Esperá! Se me ocurre una idea.

HUGO: ¡Qué pasa Che! ¿Justo ahora se te ocurre pensar?

PESADO: ¿Qué tal si mientras ella se va desvistiendo nosotros miramos para el otro lado y nos damos vuelta cuando nos avisa?

IGNACIO: ¿Estás loco, Pesado?

TUCHI: Este no piensa nunca, y cuando lo hace, la caga.

ADRIÁN: No, ¡esperen! Está bien lo que dice el Pesado.

HUGO: Rajá de acá ¡Maricón!

ADRIÁN: ¿Cuánto hace que no vemos una mina desnuda?

IGNACIO: ¡Qué se yo! Ya perdí la cuenta.

ADRIÁN: ¿Y entonces? ¿Qué es mejor? ¿Que te la muestren de a poquito, o toda de golpe?

HUGO: Toda, ¡toda de golpe!

ADRIÁN: ¡Salí inculto! Vos qué sabes.

IGNACIO: Bueno, ¡vamos de una vez! Nos damos vuelta y vos avisás. (*A Adrián.*) No demores, ¿eh?

(*Algunos protestan, pero se dan vuelta y empieza el juego*).

(*Los muchachos cantan algún estribillo conocido y mientras tanto Adrián le desprende el guardapolvo y les muestra la pierna de Cecilia. Los muchachos vuelven a darse vuelta y a cantar cada vez más apurados. La segunda vez Adrián les muestra hasta la cintura de Cecilia y vuelven a darse vuelta y a cantar. Cuando se dan vuelta por tercera vez esperando encontrar desnuda a Cecilia, Adrián se ha bajado los pantalones y les muestra una parte de su anatomía. Todos se abalanzan contra él. Hugo lo toma con violencia de un brazo y se lo retuerce.*)

HUGO: Este boludo se cree gracioso. (*Lo obliga a arrodillarse.*) ¿Por qué no inventás otro jueguito, ahora?

Ignacio: ¡Dejálo! (*Se lanza contra Hugo.*)

TUCHI: (*A Rosco.*) ¡Mirá lo que conseguiste! ¡Esa es tu obra! Antes que vinieras, nadie se peleaba.

ROSCO: Porque vos los engañabas como se te cantaba el culo y jugabas para los de arriba. (*Separa a los que se pelean.*) ¡Allá están los enemigos! Allá (*Señala.*) Nosotros somos iguales, queremos las mismas cosas, los de arriba nos vigilan, nos confunden y hasta compran a los nuestros. (*Se enciende el reflector y suena la sirena. Todos se quedan confundidos.*) ¿Se dan cuenta, por qué tenemos que armar el gigante? ¡Ese gigante nos tiene presos aquí! Si lo aprendemos a conocer, podremos luchar contra él.

IGNACIO: Vamos a armarlo, yo te ayudo.

ROSCO: ¡Bien! (*A todos.*) ¡Compañeros! El gigante que nos domina, ¿tiene botas?

HUGO: ¡Y claro! Bien grandes, para patear.

IGNACIO: Y para pisar.

PESADO: (*Trae unas botas enormes.*) ¡Música maestro! (*Todos tararean una marcha y el Pesado coloca las botas.*)

ROSCO: ¿Se dan cuenta muchachos?, fundamentalmente sirven para sostener el resto del gigante.

IGNACIO: A mí esto no me gusta. ¿Por qué no decimos las cosas por su nombre? (*Se enciende la luz roja.*) Todos sabemos que estas botas representan… (*Se escucha una sirena larga que no permite oír sus últimas palabras. Los muchachos se repliegan atemorizados, contra las paredes hasta que cede la sirena y se apaga la luz.*)

PESADO: ¿Por qué tenemos que luchar contra ese gigante que es un muñeco? ¡Yo quiero pelear contra los que a mí me joden! (*Se enfrenta solo con la ventana donde aparece el celador.*) ¡Mi gigante es el celador! ¡Ese!

ROSCO: (*Lo trae al grupo.*) ¡Muy bien Pesado! Contra tu gigante, y el mío y el de él. No nos importa luchar contra Rosas, como quería Alberdi. Los de arriba están tranquilos porque creen que estamos en esa. ¡No! Nosotros sabemos que el gigante hoy, se llama de otra manera.

PESADO: ¡No me entendés un carajo, loco! Mi gigante es el celador del dormitorio. Cada vez que ronco me manda un día a pan y agua. A ese sí que le rompería cogote. (*Hace el gesto.*)

ADRIÁN: (*Cargador.*) ¡Atención muchachos! Todos unidos para pelear contra el gigante del Pesado que no lo deja roncar. (*Risas.*)

TUCHI: ¿Y de qué se ríen? Ese gigante existe y los jode todos los días. ESTE OTRO, (*señala las botas.*) es un invento de Rosco. ¿Quién lo conoce? ¿A quién jode?

ROSCO: ¿Así que este no existe? ¿Es un invento mío? ¿Vos querés que él se pelee con el celador? (*al Pesado.*) Ese que te jode es un servidor del gran gigante. Para que se acaben los gigantes chicos hay que pelear contra el gran gigante que los maneja.

PESADO: Y tiene razón Tuchi. ¿Dónde está? ¿Quién lo conoce?

ROSCO: El gran gigante que los compra a todos no está aquí, pero nosotros lo vamos a armar para que vos veas de qué está hecho y lo puedas deshacer mejor. (*Algunos se alejan desinteresados.*)

PESADO: ¡Ese es un muñeco! Yo quiero alguien de carne y hueso, que se pueda matar. (*Hace el gesto de ahogar a alguien.*)

TUCHI: (*Sobrador.*) Vos no te das cuenta, Pesado. ¡Sos un bruto! Ser piola, es pelear contra gigantes inventados, mientras engordan los que no te dejan dormir.

HUGO: ¡Al final, tiene razón! El celador es el gigante que nos jode.

LITO: ¡No! El gigante es el jefe de celadores que manda a los otros.

HUGO: ¡Entonces hay que dársela a ese y ya está!

ROSCO: ¡Muy bien! Se la damos, ¿y?

IGNACIO: Mandan otro peor.

HUGO: ¡Uh! Yo me voy. Así no acabamos más. (*Suelta la escalera donde está subido Adrián armando el gigante.*)

ADRIAN: ¡No largues!, que me caigo.

HUGO: Hay que dársela al jefe de los celadores, ¡y se acabó!

ROSCO: Y al presidente del Instituto ¿dónde lo dejás?

HUGO: A ese le vemos la jeta de vez en cuando y habla por los parlantes. Ese no jode.

ROSCO: ¡Cómo! Ese manda y los otros cumplen con lo que él manda.

IGNACIO: ¡Ese es el gigante! Pega y esconde la mano.

ROSCO: Es más complicado de lo que creés. Los celadores son una parte del gigante. (*Toma los brazos del gigante.*) Los brazos, por ejemplo. Pero el gigante tiene una cabeza que maneja las manos. Esa cabeza no está aquí.

IGNACIO: Entonces tenemos que cortar la cabeza del gigante.

ROSCO: Para eso tenemos que estar todos juntos y unidos. (*Observa que son pocos los que lo escuchan y los demás están en otra cosa.*) ¿Qué hacen? ¡Vengan!

TUCHI: ¿Te das cuenta que no te siguen? ¡Los aburrís! Ellos saben muy bien quiénes son sus enemigos. Ponéle enfrente un pituco de Barrio Norte, ¡y vas a ver!

ROSCO: No quiero discutir con vos, Tuchi. Quiero que trabajemos juntos para derrotar a los verdaderos enemigos

TUCHI: ¡Má sí! Qué me importa lo que vos querés. (*Se aleja.*)

ROSCO: (*Se acerca a los demás.*) ¡Muchachos!, mañana les vamos a demostrar a los de arriba que sabemos, ¡muy bien!, quiénes son los que nos tienen aquí y no nos dejan decidir.

HUGO: ¡Che Rosco!, por qué no cambiás de disco. Me tenés las pelotas llenas.

IGNACIO: ¡Dejálos que se jodan! Lo armamos nosotros.

PESADO: Yo preparé la panza, hay que llenarla. (*Ignacio lo hace con papeles y latas de conserva vacías. Luego la colocan.*) Una gran panza donde guarda la comida que le tiene que dar a los otros. Porque… ¿te fijaste lo que nos dan de comer a nosotros?

TUCHI: Eso Pesado, por qué no pedimos cosas concretas, en vez de perder el tiempo con esto.

ROSCO: (*Lo enfrenta.*) ¿Qué cosas?, ¡decí!

TUCHI: (*No le contesta y sigue hablando con el Pesado.*) Este, (*por Rosco.*) nos va a hacer quemar con esta representación. Yo propongo que negociemos con los de arriba y pidamos cosas concretas.

ROSCO: Largá de una vez, ¿qué cosas?

TUCHI: Carne todos los días y una salida mensual.

ADRIAN: (*Soñador.*) Un bife… jugocito… (*A Rosco.*) Yo quiero carne todos los días.

HUGO: ¡Carne! ¡Queremos carne!

TUCHI: (*A Rosco.*) ¿Te das cuenta cómo se maneja a los muchachos? Vos hace dos horas que estás boludeando. Y yo digo, ¡la justa!

GRUPO: (*Grita.*) ¡Queremos carne! ¡Queremos carne!

ROSCO: (*Se abalanza sobre Tuchi.*) ¡Traidor! ¡Vendido! Esa no es la solución y vos lo sabés, la usás para distraernos.

PESADO: (*Se acerca y trata de calmarlo.*) Dejálo, no vale la pena.

ROSCO: Yo también quiero carne todos los días, pero no me conformo con una salida mensual. Quiero salir definitivamente del reformatorio y poder decidir. ¡Decidir! ¿Entienden?

(*Un grupo grita "queremos carne todos los días" y otro grita "queremos pelear para salir del reformatorio". Inmediatamente se lanzan unos contra otros y se pelean. Rosco intenta separarlos, primero infructuosamente, luego lo consigue con gran esfuerzo.*)

ROSCO: ¡Compañeros! ¡Escuchen! Los de arriba están contentos. Ellos ganan con esto (*Poco a poco se restablece la calma*) ¿No se preguntan, por qué no funciona ahora el reflector ni la sirena? Nos están vigilando y nos dejan seguir ¿Por qué? ¡Porque cuanto más nos peleemos, cuanto más desunidos estemos, ellos ganan! (*Toma por los hombros a dos de los que se estaban peleando.*) Esto me hace acordar al tipo aquel que le pisaron el pie en el colectivo. Volvía cansado de trabajar, le habían descontado los días de huelga, no le alcanzaba el sueldo para darle de comer a los pibes todo el mes. Uno, igual que él, cansado como él, sin querer le pisa el pie... Y ahí descarga su bronca y vienen los insultos y la pelea y las acusaciones ¿Por qué pasa esto? Porque el gigante tiene cabeza y piensa y maneja las cosas para que nos tiremos unos contra otros. (*Los mira.*) ¡No! El que ataca a un compañero se está pasando al enemigo.

HUGO: ¿Y dónde esté el chiste?

ROSCO: No hay chiste, Hugo. Los de arriba saben que para que las cosas sigan como están, tienen que cambiar en apariencia. Hasta hace poco nos tenían con mano dura, ahora nos dejan ensayar, nos mandan mujeres, nos dejan que las toquemos, porque saben que así nos entretienen. Pero las cosas siguen igual, como los de arriba quieren que estén. Y si protestás, ¡te encierran! Y si protestás más...

PESADO: (*Lo interrumpe.*) Te golpean, te picanean ¿Cuántas veces me la dieron a mí por protestar? (*Los mira.*) ¡Che! Tenemos que ponerle una picana al muñeco ese. (*La busca y la coloca.*)

SUSANA: Y un garrote.

IGNACIO: ¡Ma qué garrote! Una pistola lanzagases. (*La coloca.*)

LITO: ¡Che!, esperen. También hay que ponerle una balanza oxidada. (*La busca y la coloca ladeada.*) Yo estoy aquí porque me condenaron con una balanza ladeada. Siempre está inclinada para el lado de los de arriba.

ROSCO: ¡Bien Lito! No hay justicia independiente del poder.

PESADO: ¡Vamos!, hay que seguir. Vos Adrián, ¿qué le ponés?

ADRIÁN: Yo le pongo el corazón.

IGNACIO: ¡Salí!, no tiene corazón.

ADRIÁN: ¿Cómo que no? Yo me lo pensé bien. (*Se sube a una escalera y se lo coloca.*) Tiene un corazón reversible. Con un lado quiere a los suyos y con el otro nos caga a nosotros.

TURCO: ¡Bien!, pero de los dos lados ponele guita ¡Dólares! ¡Muchos dólares!

SUSANA: Sí, pero si no te puede comprar… ¡Y protestás! ¡Y querés pelear! (*Saca una ametralladora y los apunta.*) Te mata. (*Coloca la ametralladora en el cinto del gigante.*)

HUGO: ¡La puta! Como le dijo el celador a Rosco, que siempre protesta. (*Descubriéndolo.*) Entonces este gigante representa… ¡a todos los hijos de puta que nos tienen acá! (*A Rosco.*) ¡Che! Yo también le quiero poner algo. ¿Y la cabeza? ¿Qué le ponemos?

PESADO: La cabeza no está acá. Manda de afuera, por eso es difícil cortarla.

IGNACIO: (*Aparece con una enorme galera que lleva pintada la bandera de los Estados Unidos. A Rosco.*) ¿Para qué me hiciste hacer esta galera?

ROSCO: Ponela arriba. (*Todos observan al gigante con cierta comprensión. Tuchi se acerca cargador.*) ¡Compañeros! Este es el temible gigante 1972. (*El Pesado lo empuja y lo tira al suelo sacándolo del medio. Entra el Celador.*)

CELADOR: Y… ¿Ya terminaron? (*Observa el gigante.*) Para mañana le sacan todas esas porquerías que le han puesto. (*Se coloca delante del gigante y mientras habla levanta los brazos de uno y otro lado, amenazante.*) Y mucho cuidado con pasarse de vivos, ¡porque lo van a pagar caro! (*Los muchachos se ríen porque uno de ellos se ha escondido detrás del gigante y le hace hacer los mismos movimientos del Celador.*) ¡Qué pasa, imbéciles! ¡¿De qué se ríen?! (*Se da cuenta de lo que sucede y trae arrastrando a Ignacio y lo golpea.*) ¿Por qué no se ríen ahora? ¡Vamos! (*Lo arrastra del pelo y lo golpea. Hasta que Lito se rebela y empieza a golpear con un tachito en el suelo, otro lo sigue. Y luego otro y otro. El Celador les ordena que se callen y Rosco los alienta.*)

ROSCO: ¡Dale, cordobés!

CELADOR: ¡Silencio! ¡Las van a pagar!

ROSCO: ¡Metéle, rosarino!

CELADOR: ¡Basta! ¡Basta!

ROSCO: ¡Arriba, tucumano! ¡No aflojes, platense! (*El ruido de los tachitos se hace insoportable*). ¡Adelante, mendocino! (*El Celador se siente totalmente rebasado y llama al director.*)

CELADOR: ¡Señor director! ¡¿Qué hago?! (*Intenta dar palos con una cachipora. Los muchachos lo esquivan y siguen golpeando. Se escucha la voz del director.*)

VOZ DE DIRECTOR: ¡Mantenga la calma! ¡Tranquilo! ¡Ofrezca cigarrillos!...

(*El Celador cumple con la orden. Algunos aceptan y dejan de golpear. Tuchi le ayuda a repartir cigarrillos. Poco a poco desaparece el ruido de los tachitos hasta desaparecer completamente. Todos quedan con la cabeza baja y fumando. Adrián toma la guitarra, se acerca al público y canta la canción.*)

ADRIÁN: Qué clase de lucha, es la lucha de clases.
Nace con el hombre, muere con el hombre,
viene de abajo transformando al hombre.
¡Ay! Qué clase de lucha es la lucha de clases
que toma Bastillas
que incendia Granadas.
Que levanta las Córdobas
que rompe rosarios
que llena de gente
la Plaza de Mayo

¡Ay! Qué clase de lucha
que sale a la calle
que incendia y saquea,

que libera y mata
que organiza y crea
que sueña y florece
que secuestra y grita
que corre incendiando
que incendia quemando.
Barricadas, nafta, miguelitos
piedras, hondas y terrazas.
Más tiempo, más gente,
más fuego, más pueblo,
en Octubre, Marzo,
Mayo o Diciembre.
Qué clase de lucha, es la lucha de clases
Qué clase de lucha, es la lucha de clases
Qué clase de lucha, es la lucha de clases.

(A medida que Adrián canta la canción, los muchachos del reformatorio se van acercando a él. Tiran el cigarrillo que habían aceptado y hacia el final, todos acompañan levemente el ritmo con los tachitos de la rebelión. Lentamente se apaga la luz y se va perdiendo la canción.)

SEGUNDA PARTE

(Antes de comenzar la segunda parte, los actores se confunden con el público y reparten los programas de la función que se realizará en el reformatorio. En el escenario desierto aparece el Celador y hace sonar fuertemente el silbato. Todos suben rápidamente y se forman. El Celador les habla con inocultable odio, aunque las palabras sean suaves.)

CELADOR: ¡Queridos! El gran día ha llegado. (*Los mira. Saca un papel y lee*). Las autoridades de esta casa, con verdadero espíritu cristiano, les permiten que se entretengan y pasen un momento agradable. (*Suena una suave chicharra y el Celador se vuelve obsecuente.*) ¡Si, señor!, ya están listos para escuchar sus palabras. (*Hacia el público.*) Público asistente, señores detenidos, escucharemos las palabras del excelentísimo señor director.

VOZ DEL DIRECTOR: Estamos decididos a no volver al pasado. Se acabaron los odios y las diferencias. Debemos llegar a un acuerdo dentro del reformatorio. Sabemos que hay pequeños grupos decididos a quebrar esta política de concordia. No lo conseguirán, porque todos queremos vivir en paz y libertad. Veo con beneplácito la representación y les envío un cordial saludo. ¡Nada más!

CELADOR: ¡Aplaudan! (*Nadie lo hace.*) ¡Aplaudan!, he dicho. (*Aplauden de mala gana*). Pueden empezar la representación. (*Va a salir*).

ROSCO: ¡Señor!, se olvidó que un compañero quería decir unas palabras.

CELADOR: ¡Tiene razón! ¿Quién va a hablar?

ROSCO: El Turco, señor. (*El Turco se adelanta.*)

CELADOR: (*Busca en su bolsillo y saca el discurso. Se lo entrega.*) Aquí tiene. Está aprobado.

TURCO: Gracias señor. (*Empieza a leer.*) Excelentísimo señor director, estimado señor celador… (*Los muchachos se van pasando otro discurso y se lo alcanzan al Turco sin que el celador se dé cuenta. El Turco guarda el discurso que estaba leyendo y sigue con el que le entregaron.*) En realidad esta no es una representación, sino que es un proceso a las fuerzas que han detenido o quieren detener la historia de nuestra patria. Estamos cansados de hacer concesiones a los hombres públicos. Hoy queremos hacerlas a la verdad que también es princesa de este mundo. (*El Celador, que se ha retirado, empieza a acercarse, desconfiado.*) A ver si enseñando a conocer la verdad de las cosas sucedidas, se aprende a despreciar el poder quimérico de la opresión.

CELADOR: (*Se abalanza sobre el Turco.*) ¿Opresión? ¡¿Qué está diciendo?! (*Le arranca el papel.*) ¿Quién escribió esto? (*Nadie *contesta.*) Al que haya sido, le costará ocho días a pan y agua. (*Risas contenidas.*)

ADRIÁN: Perdón señor, pero no va a ser posible, (*Breve pausa.*) porque murió hace ciento cincuenta años

CELADOR: ¡Qué decís, imbécil!

HUGO: No señor, no le crea. Murió hace ciento veintiocho años. (*Risas.*)

CELADOR: (*Con odio.*) Les aseguro que mañana se van a arrepentir de esto.

IGNACIO: ¿Por qué? Son palabras de Alberdi. Nosotros las copiamos, nada más, señor. (*El celador los mira sin saber qué actitud tomar.*)

CELADOR: ¡Está bien! Ahora sigan, pero si mienten, mañana la van a pagar. (*Sale.*)

PESADO: ¡Celador!

CELADOR: ¿Qué pasa, ahora?

PESADO: ¿Por qué dicen que es actual una pieza que se escribió hace más de cien años? ¿No adelantamos nada? (*Se ríe.*)

CELADOR: Empiecen de una vez, ¡carajo! (*Sale rápidamente.*) (*Rosco da algunas indicaciones y los muchachos se organizan para la representación.*)

ROSCO: Ignacio apagá la luz que largamos.

(*Se apagan las luces del escenario. Es de noche. Los soldados duermen. El centinela siente que los cercan los miedos que trae la noche. Sopla el viento. Una luz directa ilumina al centinela.*)

CENTINELA: ¡Qué largas son las noches! ¡Y qué frías! ¡Y qué oscuras! A cuántos han matado por la espalda. (*Da una vuelta sobre sí mismo.*) ¡Qué endiablada profesión es la del celador!

VOZ DEL CELADOR: ¡Atención! Siga con el texto de Alberdi. (*Todos protestan, pero continúan.*)

CENTINELA: Qué endiablada profesión es la del soldado. Así pasa uno sus mejores años. (*Se vuelve de espaldas al público y se escucha el caer de un chorro sobre un tachito.*) Y muchas veces la patria lo premia con una patada en el culo.

VOZ DEL CELADOR: ¡Atención! Alberdi dice: "Con un suplicio ignominioso".

CENTINELA: ¡Pero che! ¡¿Qué quiere?! ¿Que me haga el maricón? Suplicio ignominioso es una patada en el culo. Eso es lo que quiso decir Alberdi.

VOZ DEL CELADOR: (*Imperativo.*) ¡Siga con el texto!

CENTINELA: (*Repite más bajo.*) Una patada en el culo. (*Escucha.*) ¿Qué pasa? ¡Vaya fiesta tenemos! Se revuelve el cotorro. Parece que los nuestros han sido derrotados. Lo raro es que todavía no nos hayan metido un tiro en la panza. Somos cuatro gatos, estamos atados de pies y manos y nos manda un héroe de paja. (*El haz de luz ilumina al gignte.*) Pero, ¡son tan locos nuestros enemigos! Hay que ver cómo se pelean entre ellos. ¡En fin!, mejor para nosotros. (*Se escucha un ruido. Grita.*) ¿Quién vive?

TAMBOR: (*Entrando*) ¡La patria! (*Toca el tambor.*)

CENTINELA: ¿Qué gente?

TAMBOR: La la la, información. (*La claridad de la mañana inunda el escenario.*)

CENTINELA: ¡Adelante! ¿Qué noticias trae?, usted siempre tan informado.

TAMBOR: No demasiado buenas. (*Se escuchan los gritos de una mujer.*)

MARÍA: (*Entrando.*) ¡Bartolo!... ¡Bartolito!...

TAMBOR: ¿Qué pasa mujer? ¿Qué buscás?

MARÍA: (*Muy agitada.*) ¿No sabes lo que pasa?

TAMB0R: Cómo no he de saber, si soy el encargado de informar. (*Toca el tambor.*). La la la, ¡información! (*María le arrebata los palillos.*) ¿Qué hacés?

MARÍA: Vamos para casa ahora mismo.

TAMBOR: ¿Estás loca? Tengo que informar.

MARÍA: ¡Te matarán! ¡Vienen hacia aquí! ¡Negros!, ¡sin asco!, ¡sin corbata!, ¡parecen salvajes! Les levantaron el puente y se tiran al agua.

TAMBOR: (*Asustado.*) ¿Dónde? ¿Dónde los viste?

MARÍA: En Barracas.

VOZ DEL CELADOR: ¡Atención!... En la quinta de mi tía, dice Alberdi. Sigan con el texto o interrumpo la representación. (*Todos protestan pero continúan.*)

TAMBOR: ¡Vamos a ver! Dime, ¿quiénes son los jefes?

MARIA: Los jefes son tres, el capitán Mosquito, el teniente Guitarra y el mayor Mentirola.

TAMBOR: ¡Cáspita! ¿Y el general quién es?

MARÍA: No hay general.

TAMBOR: ¡Mujer! Cómo puede ser eso, si tenemos generales para regalar.

MARÍA: No hay general porque ninguno quiere ser subalterno.

TAMBOR: ¡Estos tipos! Cómo les gusta el queso. (*A ella.*) ¿Y qué señales los distinguen?

MARÍA: La división Mosquito viene vestida de rojo y azul. (*Se escuchan ruidos en el campo enemigo.*)

TAMBOR: (*Temeroso.*) ¿Quién vive?

MARÍA: Es el viento, Bartolito.

TAMBOR: ¡Sigue! (*Gira sobre sí mismo y se encuentra con el centinela que viene retrocediendo. Gran confusión hasta que se reconocen.*) (*A ella.*) ¡Habla mujer!

MARÍA: La división guitarra, viene de amarillo y verde. (*Se escuchan nuevos ruidos de combate.*)

TAMBOR: (*Cada vez más asustado, abrazándose al centinela.*) ¿Oíste?

MARIA: Es el viento, Bartolito.

TAMBOR: (*Gira nuevamente sobre sí.*) ¡Continúa!

MARÍA: La división Mentirola viene de amarillo.

TAMBOR: ¿Y tienen cañones?

MARÍA: Tres por falta de uno.

TAMBOR: ¿Y qué bandera traen?

MARÍA: También traen tres.

TAMBOR: ¿Cómo tres? ¿No tienen todos un enemigo? ¿No son un solo ejército?

MARÍA: ¡No! Traen tres escarapelas y tres divisas y tres causas se puede decir. No son un solo ejército como son ustedes. Son tres, que a veces se pelean y hasta se han dado balazos entre sí. (*Entra el celador muy* ofuscado).

CELADOR: ¡Atencion! Sigan con Alberdi, ya les advertí que en cuanto hagan una referencia al presente, se acaba la representación.

ROSCO: Señor, ¿y qué dice el texto? Lea por favor.

CELADOR: (*Busca en el libro y lee.*) Y traen tres escarapelas, tres divisas y tres causas se puede decir. Son tres ejércitos enteros, verdaderos y tan independientes unos de otros que muchas veces se han dado ba... la... zos... entre (*Cierra el libro confundido. Y les grita.*) ¡Sigan sin interrumpir o los encierro a todos! (*Sale. Todos aplauden y se ríen.*)

(*Suenan tiros y tambores en la dirección del campo enemigo.*)

MARÍA: (*Asustada.*) ¿Oíste? Ya están encima. (*Lo arrastra.*) ¡Vamos!

TAMBOR: (*Soltándose.*) ¡Pero mujer! Tengo que informar.

MARÍA: ¡Nada! Hay que callarse y mantenerse alerta a ver quién gana.

TAMBOR: ¡María! Tú pierdes al país llevándote esos palos.

MARÍA: ¡Que se pierda! Estos palos están con el que gana.

TAMBOR: (*Grandilocuente.*) Los destinos de la patria dependen de esos palos que siempre han defendido...

CENTINELA: (*Le toca la espalda con el arma. El tambor se da vuelta y le indica con el gesto que más o menos.*) No exagere.

TAMBOR: Bueno… casi siempre han defendido la causa de…

MARÍA: (*Lo interrumpe.*) ¡No me importa! ¡Tirá al tambor y veníte a la estancia.

TAMBOR: ¡Jamás! ¡María!

MARÍA: (*Levantando los palos.*) ¡Estos no los tendrás! (*Sale*).

TAMBOR: Lucidos estamos ahora. (*Grita.*) ¡¡Destornillada!! ¡Desorejada! ¡Descabezada!

(*Se escuchan tiros en el campo enemigo. Entra el oficial con los pies atados, dando grande saltos.*)

OFICIAL: ¡Centinela! ¡Cabo de guardia! ¡Sargento! ¡A las armas! (*El centinela y el tambor se forman.*) ¡Tambor! Toque usted la alarma.

TAMBOR: Capitán, estoy sin palillos.

OFICIAL: (*Grita.*) ¡Verticalidad! ¡Verticalidad! (*En otro tono.*) ¿Y los palillos?

TAMBOR: Los perdí en el fragor de la batalla, oficial. (*Se acerca y le habla en secreto.*) Es una maniobra mía para que crean que estoy en su contra. Yo no anuncio, no hago bamboya con sus obras y le tiro un poquito. ¿Se da cuenta? Así dicen que la información es imparcial.

OFICIAL: ¡Cuidadito con hablar mal de mí! ¡Cuidadito con violar la autoridad! ¡Cuidadito con romper la verticalidad y hablar de lo que no corresponde.

TAMBOR: ¡Ni se preocupe! No en vano hemos pasado tan buenos momentos con los ingleses en la Argentina de antaño.

OFICIAL: ¡Ah! (*Soñador.*) ¡Qué época! (*Cambiando de actitud*). Pero conviene asegurarse. (*Le coloca una mordaza.*) Ahora sí puede informar tranquilo. (*Los soldados aparecen saltando. Los pies y los brazos atados. Se forma la guardia.*) ¡Soldados! ¡Verticalidad en los mandos! ¡Voy a proclamaros!

SOLDADO: (*Sale de fila saltando y hace la venia.*) ¡Perdón, se-ñor! Que nos desaten los pies y las manos.

OFICIAL: (*Grita.*) ¡Para oír proclamas se necesita estar quietos, en posición de firmes, dispuestos siempre a obedecer! ¡Obedecer! ¡Los generales de la nación nunca se equivocan! ¡Los generales de la nación harán la revolución!

SOLDADO: ¡Perdón oficial! Perdón por el atrevimiento, pero necesitamos los brazos y las piernas para pelear.

OFICIAL: ¿Y quién le dijo que necesita pelear? En nuestro país no hay clases. Tan solo hombres y mujeres que trabajan por el bien de todos y una minoría antipatriótica que quiere cambiar nuestro estilo de vida. ¡Hijos de la libertad! Hombres que jamás habéis co-nocido cadenas ni ataduras…

SOLDADO: ¡Oficial! Creo que se equivoca… porque todos estamos… no diré atados… pero…

OFICIAL: (*Grita.*) ¡Fuera el insolente! ¡Por traidor a la patria! ¡Por no pensar como yo! ¡Que lo encierren! (*El soldado se retira saltando, pero antes le quitan el gorro y lo degradan.*) Estos son los vendidos, que reniegan de su pasado ilustre. (*Pausa. Desafiante.*) Hijos de la libertad, hombres que jamás habéis conocido cadenas ni ataduras. (*Pausa. Los mira.*) ¿Qué tal, soldados? ¿Me equivoco o digo la verdad?

SOLDADOS: (*En posición de firmes contestan a coro.*) ¡La ver-dad, la verdad, general! ¡Usted nunca miente!

OFICIAL: Los enemigos de vuestras libertades (*Los soldados se mueven y se escuchan ruidos de cadenas.*) de vuestro gobierno re-presentativo, republicano y federal vienen a cargaros de cadenas. ¡Permaneced inmóviles!, que ni un solo movimiento magulle vues-tro estatismo. El glorioso gigante os conducirá a la victoria. ¡Viva la libertad!

SOLDADOS: ¡Viva!

OFICIAL: ¡Viva la dictadura!

SOLDADOS: ¡Viva!

OFICIAL: ¡Viva la libertad de la dictadura!

SOLDADOS: ¡Viva! (*El celador aparece furioso. Empuja al oficial con violencia.*)

CELADOR: ¡Impostor! ¡Traidor! ¡Mentiroso! Nada de eso dice Alberdi. Debemos reverenciar el pasado y respetar el texto de Alberdi.

ROSCO: Precisamente porque queremos ser fieles a Alberdi es que le cambiamos el nombre al Gigante. En 1972 se llama de otra manera.

CELADOR: ¡Silencio! ¡Voy a pedir que los encierren a todos a pan y agua! ¡Se aprovechan de la libertad de expresión de la democracia, para hacer propaganda! El texto dice así… (*Le saca la gorra al oficial y se la coloca él. Dice el texto con falso fervor.*) Si queréis ser vencedores, ¡no deis un paso! ¡Los enemigos dicen que estáis muertos! Pues bien, estaos como cadáveres y vuestro aspecto los hará, temblar como niños! (*Pausa.*) ¡Sigan con la representación! (*Sale.*)

(*Aparecen las divisiones enemigas de a una. La primera en presentarse es la división Mosquito. Vienen con camisetas de fútbol rojas y azules. Traen palos de escobas en lugar de armas y el capitán Mosquito aparece en chinelas porque las botas le aprietan. La división Mentirola aparece de amarillo y montada en briosos corceles. Presentan armas y se lanzan al combate dando fuertes gritos. Luego aparece la división Guitarra que aparecen en parejas y al son de un bailecito. El teniente Guitarra les da una seri de órdenes confusas y apuradas que ellos cumplen a desgano y se retiran los soldados, quedando los tres jefes que en inmediatamente se ponen en guardia.*)

MOSQUITO: ¡Señores! La batalla va a comenzar y es necesario elegir un general presidente.

MENTIROLA: (*Muy sonriente.*) Nada más natural.

GUITARRA: De acuerdo.

MOSQUITO: ¡Pues bien! Dando un ejemplo de civilidad y renunciamiento, ¡vamos a elegir!

MENTIROLA/GUITARRA: (*A un tiempo.*) ¡Vamos a elegir! (*Se palmean y se sonríen mutuamente.*)

MOSQUITO: (*Con trémolo.*) ¡Adelante muchachos! ¡La batalla será nuestra, por más antiguos y más guerreros!

GUITARRA: Quién puede ser elegido, sino yo, que soy el más inteligente y el más desarrollado. (*Se pone en puntas de pie.*)

MENTIROLA: (*Suficiente.*) Ninguno de estos es capaz de mandar una compañía. Si no me eligen a mí, se pierde la batalla y se pierde el país.

(*Detrás de cada jefe se han formado algunos soldados de su compañía que los alientan o los aconsejan, según los casos.*)

MOSQUITO: ¡Vaya! ¡Pues! Procedan ustedes a elegir. (*Haciendo una reverencia*). Empiece usted, teniente Guitarra.

GUITARRA: ¡No! Empiece usted.

MOSQUITO: Mejor que empiece el Mayor Mentirola. (*Le hace una seña de complicidad.*)

MENTIROLA: (*Sonriente.*) ¡Bien! ¡Bien! Nombro para general en jefe durante la acción, (*Pausa.*) al teniente Guitarra.

MOSQUITO: ¿Qué es esto? ¡Un complot, una injusticia, una traición! (*Grita, se desespera, se despeina.*) ¡Él! ¡Primero que yo! ¡No acepto! ¡Me vengaré! ¡La clase media es mía! Veremos qué hacen sin mi apoyo.

GUITARRA: Yo por mi parte, tengo el honor de designar al mayor Mentirola.

MOSQUITO: Yo, por mi parte, no nombro a nadie. No quiero batallas, ni victorias, ni sillones y me mando a mudar a mi casa. (*Se pone al frente de su columna.*) ¡División, vuelta atrás, paso redoblado, marchen! (*Empiezan a marchar.*)

GUITARRA: (*Lo corre.*) ¡Pero capitán Mosquito!... venga para acá.

MENTIROLA: Tenemos y debemos llegar a un acuerdo. Usted es demasiado impulsivo.

MOSQUITO: ¡No quiero nada! ¡Se acabó! Corto mano, corto fierro (*Se va con su división al son del tambor. Inmediatamente Mentirola y Guitarra se enfrentan.*)

GUITARRA: ¡Vaya! Parece que ahora quedamos los dos de generales en jefes.

MENTIROLA: Pero eso no puede ser... Se cruzarían nuestras órdenes y nos serviríamos de mutuo estorbo. ¡Bah! Un despelote.

GUITARRA: ¿Qué hacemos, entonces?

MENTIROLA: Supongamos que la batalla dure dos horas. Usted es general presidente durante la primera, y yo general presidente durante la segunda. Entre los dos firmamos el parte de la victoria y nos repartimos el país como buenos hermanos.

GUITARRA: ¡Muy bien! Ya lo dijo Fierro, los hermanos sean unidos, esa es la ley primera. (*Los dos se ponen a zapatear al compás de la estrofa.*)

MENTIROLA: (*Para de improviso y saca la espada.*) ¡Teniente Guitarra!, en nombre de mis facultades de general presidente, lo nombro vice general presidente y le pido que participe mis órdenes a la división Guitarra, para que se coloque a la vanguardia.

GUITARRA: ¡Cómo no! A vanguardia, digo ¿a retaguardia, dijo vuestra excelencia?

MENTIROLA: ¡No! A vanguardia.

GUITARRA: (*Pausa. Medita. Le pregunta por señas a sus soldados.*) ¡División Guitarra!, ¡a retaguardia! (*Los dos ejércitos enfrentados cambian de lugar.*)

MENTIROLA: ¡No! ¡No! ¡A vanguardia! (*Se cambian nuevamente de lugar.*)

GUITARRA: ¡No! A retaguardia. (*Cambian otra vez, pero protestando*).

MENTIROLA: (*Grita.*) ¡Alto! Queda usted separado de su cargo. (*Lo empuja.*)

GUITARRA: (*Indignado.*) ¿A mí? ¡Al jefe de la división Guitarra!

MENTIROLA: ¡A usted! ¡Aunque sea el jefe de la división Clarinete o Contrabajo!

GUITARRA: ¡Al fin se sacó la máscara! (*Le hunde el sombrero hasta los ojos.*) Quería que los míos quedaran tendidos en el campo de batalla, y los suyos recibieran los laureles del triunfo. ¡Y yo! Sin gente y sin papel en el mundo político. Pero no seré el juguete de ningún intrigante. Ya mismo pego la vuelta y me mando a mudar. ¡División!

MENTIROLA: (*Se acerca.*) ¡Pero Guitarra!

GUITARRA: ¡No me toque! Renuncio a la gloria, a las batallas y al sillón. (*Se pone al frente de la división y ordena contramarcha a la derecha. Se retiran marchando.*)

MENTIROLA: (*A sus soldados.*) ¡Soldados de la patria! (*Pausa.*) ¡Muchachos! No se calienten… ¡Vamos a pelear con todo y a demostrarle a esa manga de gallinas, quiénes somos y cuánto valemos!

SOLDADO: ¿Y cuándo empezamos, mi mayor?

MENTIROLA: Los siglos pasarán uno tras otro (*Los va envolviendo con un hilo.*) y los guerreros de la posteridad dirán: ¿Quién hubiese pertenecido a la división Mentirola en la jornada memorable contra el gigante Amapolas?

SOLDADO: Y dale, mi mayor, ¿cuándo empezamos?

MENTIROLA: ¡Atención!, que el soldado que esté a la cabeza, tome una caña bien larga y colocándose a una distancia conveniente, sin riesgos para nadie, toque suavemente al gigante, para ver qué demostraciones de vida hace. (*El soldado toma la caña.*) Para eso, yo me colocaré bien lejos y observaré los movimientos del enemigo.

SOLDADO CORRENTINO: ¡Y dale, che, mayor, qué tanta tocadita!

MENTIROLA: ¡Silencio! Hay que salvar vidas humanas, ¡adelante! (*El soldado toca con la caña, ligeramente, al gigante.*) ¿Y?, ¿qué movimientos hace?

SOLDADO: Ninguno; señor, inmóvil como si fuera de palo.

MENTIROLA: ¡Malo! ¡malísimo!

SOLDADO: ¿Cómo malo, che, mayor? Eso prueba que está dormido y que podemos atacar.

MENTIROLA: ¡Silencio! Eso prueba que debemos huir. ¿No se mueve?

SOLDADO: Está más quieto que un cadáver, mi mayor.

MENTIROLA: ¡La gran puta! (*Chistidos.*) ¡Perdón! ¡Estrella fatal, estamos perdidos! A ver, soldado, tóquele usted un poquito más fuerte, pero sin hacerle daño.

SOLDADO: ¡Como un tronco! Yo sería capaz de apostar que este gigante que nos tiene cagando (*Chistidos.*) que tanto miedo nos mete, es de palo.

(*Los soldados del gigante se mueren de risa y se burlan. Uno de ellos dice.*)

SOLDADO DEL GIGANTE: ¡Ya veo que nuestro comandante en jefe conocía muy bien a los mochuelos que nos pelean!

MENTIROLA: ¡División Mentirola! Vueltas caras y en retirada precipitada. ¡Marchen! (*Retíranse con precipitación a cierta distancia.*)

SOLDADO CORRENTINO: ¡Pero, che, mayor, no se movía! ¿Qué me hízo?

MENTIROLA: ¡Soldados! Yo debo ser leal a vuestro noble coraje.

SOLDADO CORRENTINO: ¡Métale para adelante, che, mayor, nosotros lo seguimos!

MENTIROLA: (*Molesto.*) ¡Silencio! La situación es grave y yo no puedo decidirme sin antes oír el voto del Ejército, en un consejo de jefes y oficiales.

TROPA: ¡Que se forme el consejo!

MENTIROLA: ¡Que se forme! Pero… ¿con quién lo formaremos? Aquí no hay más jefe ni oficial que yo.

SOLDADO: ¿Y por qué no forma, mi mayor, un consejo de mi mayor mismo y decide por mayoría de votos?

MENTIROLA: ¡No habrá otro remedio! Pues, ¡señores!, el consejo está formado y puede empezar la discusión (*Pausa.*) Y puede empezar la discusión (*Pausa.*) ¡Qué difícil es pensar si no se está en contra de algo o de alguien! Voy a figurarme que están aquí mis compañeros Guitarra y Mosquito. Uno ahí. (*Señala y pone un soldado.*) Y el otro acá (*pone otro soldado.*) ¡Ahora sí! Empezaré hablando yo. ¡Señores! Debemos retroceder porque el enemigo nos espera inmóvil. ¿Y qué quiere decir esta inmovilidad? Quiere decir que está fuerte coma un diablo y nosotros estamos perdidos. Y si estarnos perdidos, lo mejor que podemos hacer, es tomarnos el raje antes que nos agarren y nos cuelguen. Tal es mi opinión.

SOLDADO CORRENTINO: ¡No, che, mayor! Usted está equivocado.

MENTIROLA: ¡Silencio! Este es un consejo de oficiales. Ahora les hablará el teniente Guitarra. (*Va hacia el lugar que le marcó Guitarra. Saca al soldado de un empujón y habla por Guitarra.*) ¡Señores! El mayor dice que debemos retroceder y esperar mejor oportunidad. Si él lo dice, sabrá por qué lo que dice. Cada uno sabe dónde le aprieta el zapato y cada uno es dueño de hacer de su culo un pito. (*Chistidos y silbato.*) ¡Perdón! Cada uno es dueño de hacer de su capa un sayo. ¡He dicho! Ahora les hablará el capitán Mosquito. (*Cambia de lugar y de voz.*) ¡Señores! No callaré mi opinión, porque el país me la pide. Las opiniones de los que me han precedido en la palabra, son mortales para la causa de la libertad. Yo creo que lejos de retroceder, debemos avanzar con… cautela, porque el enemigo es débil. (*Pasa a su lugar y habla en su nombre.*) ¡Señor capitán Mosquito! Usted habla así porque nos ha oído decir lo contrario a Guitarra y a mí, ¡ y no nos traga a ninguno de los dos! (*Se corre al lugar de Mosquito.*) ¡Eso es verdad! Y con la verdad…

(*Se corre a su lugar.*) Por otra parte, usted es un miedoso, como los demás. (*Se corre al lugar de Mosquito.*) ¿Miedoso, yo? (*Hace ademán de pelear y se corre a su lugar.*) ¡Sí usted, que la vez pasada fue el primero en mandarse a mudar! (*Se corre al lugar de Mosquito.*) ¡Miente! Ese es un invento suyo, que es un canalla (*Se corre a su lugar y habla por él.*) ¡Cómo se atreve! Si yo soy un canalla, usted es un imbécil (*Se corre al lugar de Mosquito.*) ¡Si yo soy un imbécil, usted es un cobarde! (*Se corre a su lugar y habla por él.*) ¡Andate a la mierda! (*Suena el silbato. Se corre al lugar de Mosquito y habla por él.*) ¡Usted es un canalla! (*Mentirola se abalanza sobre Mosquito y finge pelear con él. Luego toma el lugar de Guitarra y habla por él.*) ¡Señores, calma! Pasaremos a votación. ¡Por la huída! (*Levanta los dos brazos.*) Por el ataque cauteloso. (*Mira hacia donde supuestamente estña Mosquito y lo empuja. Se dirige a los soldados con gran solemnidad.*) El consejo de jefes y oficiales se ha expedido. Sigamos su fallo sin dudas ni enmiendas. ¡División! Contramarcha a la derecha. ¡Huida precipitada! ¡Ya! (*Los soldados salen trotando ligeramente con el mayor Mentirola.*)

SOLDADO: Pero, ¿qué me hizo, mi mayor? ¡Podíamos haber atacado!

MENTIROLA: ¡Silencio y dispare!

(*Aparecen los soldados del gigante profiriendo grandes carcajadas por la huída de sus enemigos, Se adelantan el centinela y María, la esposa del tambor.*)

CENTINELA: ¡Mirá cómo disparan! ¡Qué vergüenza! (*Les grita.*) ¡Gallinas! (*Imita el cacareo.*)

MARÍA: Mejor que se hayan ido. (*Fuerte*) ¡Cobardes! ¡Mariquitas!

(*Entra el oficial con gran solemnidad.*)

OFICIAL: ¡Soldados! A formar. (*Los dos forman rápidamente.*) ¡Fue un espléndido triunfo de la democracia! ¡Los cobardes enemigos han caído, presa de nuestro valor! (*El centinela y María asienten.*) ¡Soooooldados! ¡Viva la patria!

LOS DOS: ¡Viva!

OFICIAL: Habéis defendido con heroísmo vuestro estilo de vida. No esperéis que vuestros enemigos regresen, ¡jamás!, porque llevan en su espalda (*Se escuchan ruidos en el campo enemigo. María y el centinela escuchan inquietos.*) la mancha infamante de vuestro noble coraje. (*Escucha sonidos lejanos y cambia de actitud rápidamente.*) ¿Qué pasa? No entiendo.

CENTINELA: (*Preocupado.*) Se disponen a atacar nuevamente, oficial.

OFICIAL: (*Temeroso.*) ¡No puede ser!

MARÍA: (*Escapando.*) ¡Huyamos!, nos van a matar.

OFICIAL: ¡Alto! ¡Insensata! ¡A formar! Somos capaces de vencerlos diez veces si fuera necesario. ¡Mirad el campo enemigo! (*Los dos miran y el oficial aprovecha para disparar.*) Son cobardes y miedosos… (*Desaparece.*)

CENTINELA: (*Se vuelve.*) Oficial, no cree… (*Se da cuenta que ha huido. Grita.*) ¡Oficial!

MARÍA: (*Se larga a llorar.*) Y ahora, ¿qué hacemos? ¡Estamos solos! ¡Ay Dios mío!

CENTINELA: ¡Calma, mujer! La experiencia indica que antes de atacarnos se pelearán entre ellos.

MARÍA: (*Calmándose un poco.*) ¿Tú crees?

CENTINELA: Estoy seguro. Tú sola puedes vencerlos. (*En secreto.*) ¿No te diste cuenta que son unos cagones que se asustan con su propia sombra?

MARÍA: (*No muy convencida.*) Sí, muy valientes no son.

CENTINELA: Hacé lo que te digo. Empezá a dar vueltas alrededor del gigante, hacé un poco de ruido y cambiá la cara de vez en cuando. ¡Con eso basta! (*Sale corriendo.*)

(*Entran las divisiones enemigas con su jefe. María empieza a hacer lo dicho. Los soldados enemigos avanzan con cautela, Uno se adelanta.*)

SOLDADO: (*Mirando en todas las* direcciones.) ¡Los hemos sorprendido completamente, mi mayor!

(*Grita*) ¡Yo soy de sobra para terminar con al enemigo! (*Todos lo hacen callar.*)

MOSQUITO: ¡Cállese! ¿O acaso va a comparar sus simples ojos con mi poderoso largavista? Usted habla así porque no ve nada.

SOLDADO: ¡Sí veo, mi mayor! Si estamos a un paso. No hay más una mujer dando vueltas alrededor de un árbol.

MOSQUITO: (*Enojado.*) ¡Usted que está abajo y sin anteojos, quiere saber más que nosotros que estamos arriba y tenemos anteojos!

SOLDADO: ¡Será como usted dice, pero yo digo lo que mis ojos ven!

MOSQUITO: ¡Cállese el insolente! Y si no deja de propalar ideas alarmantes, contradictorias y distintas a las mías, lo haré encarcelar. (*Lo empuja a las filas de los soldados.*)

GUITARRA: ¿Qué ve usted, capitán Mosquito?

MOSQUITO: (*Observa con el largavista.*) Veo sesenta piezas de artillería a la derecha.

GUITARRA: ¿Que calibre?

MOSQUITO: Veinte de a ocho y cuarenta de a treinta y seis. (*Le pasa el largavista.*)

GUITARRA: (*Toma el largavista y observa.*) Yo veo treinta escuadrones de caballería. (*Pasa el largavista a Mentirola.*) ¿Y usted, mayor Mentirola, que distingue con su vista de línea?

MENTIROLA: Yo distingo como 8000 infantes, situados hacia la izquierda del campo enemigo.

MOSQUITO: (*Se tira al suelo.*) ¿Y esa caja que suena, a que fuerza pertenece?

MENTIROLA: (*Tira el largavista.*) Esa es una fuerte guerrilla que está desfilando hace más de dos horas.

GUITARRA: ¡Pues si Mentirola lo dice, así debe ser!

MOSQUITO: ¡Malo, malo! El gigante es invencible y es un disparate meterse con él teniendo medios tan desiguales.

GUITARRA: Yo creo lo mismo. Yo creo que si no aceptamos el juego del acuerdo y nos retiramos con dignidad, seremos despedazados al primer encuentro.

MENTIROLA: ¡Justo! ¿Para qué se va a pelear cuando no se está seguro de ganar? Siempre se puede negociar. ¿Quién nos obliga a pelear?

MENTIROLA: ¡Por supuesto! ¿Quién nos obliga?

MOSQUITO: ¡Somos defensores de un régimen que respeta las libertades individuales!

GUITARRA: ¡Basta de palabras! Lo que debemos hacer es ponernos en retirada.

MENTIROLA: De acuerdo.

MOSQUITO: ¡Qué suerte que coincidimos los tres!

(*Mientras ha tenido lugar este diálogo entre los jefes, la tropa acordó y decidió un motín. Uno de ellos se coloca a la cabeza de los amotinados.*)

MENTIROLA: ¡División!

MOSQUITO: ¡División!

GUITARRA: ¡División! Contramarcha a la derecha.

SARGENTO: (*Se adelanta amenazante.*) ¡No hay contramarcha a ninguna parte, señores! Nosotros queremos pelear y no contramarchar. Para pelear los reconocemos por jefes, para esquivar el bulto, ¡no! Bastantes veces nos pararon y tuvimos que huir inutilmente. Estamos espantándonos de fantasmas. Lo que hay al frente es un héroe de papel, mujeres en vez de soldados y hombres atados de pies y manos.

(Rosco interrumpe la representación, algunos compañeros protestan.)

ROSCO: ¡Compañeros! Eso que dice Alberdi tenemos que cambiarlo. Sabemos que son fuertes, capaces de movilizar la policía y el ejército para reprimir al pueblo. Tenemos 1.300 presos políticos y muchas denuncias de torturas han sido comprobadas. (*Suena la sirena y se enciende la luz roja. Aparece el celador.*)

CELADOR: ¡Esto es el colmo! (*Violento.*) ¡Sigan con la representación o desalojo el patio! ¡Sigan!, ¡Rosco, le ordeno que siga!

ROSCO: ¡Ah! ¿Usted quiere que sigamos con el texto de Alberdi? (*Pausa.*) Muy bien (*Al Pesado, con intención.*) ¡Dale, pesado, dale con todo! (*El pesado se saca la camiseta que ha utilizado durante la representación del gigante amapolas y queda con el torso desnudo.*)

SARGENTO: ¡Ataquemos con coraje al enemigo y será nuestro en poco tiempo! ¡Así, señores jefes, si ustedes quieren guiarnos al combate, estamos prontos, si quieren retirada, ustedes han perdido, ya no son nuestros jefes! Nada ni nadie puede detener a un pueblo que se lanza a luchar.

MOSQUITO: (*Muy asustado.*) Creo que en presencia de un motín, lo mejor que podemos hacer es retirarnos. ¡Ya tendremos otra forma de volver, cuando se les pase el entusiasmo!

SARGENTO: ¡Compañeros, nuestro camino es sencillo y corto! Allí (*Señala al gigante.*) están los enemigos. Calar bayonetas, abrir bien los ojos y en menos de pocos segundos habrá desaparecido de nuestra tierra ese miserable fantasmón que nos imponen desde afuera por la incapacidad y cobardía de nuestros jefe! ¡Compañeros! Adelante. (*Pasan por encima de los tres jefes que se han quedado sin saber que hacer y se enfrentan con el gigante al que destrozan en poco tiempo. Lo descuartizan y arrojan sus partes por el aire.*) Aquí tienen ustedes lo que era el gran gigante que nos ha frenado durante tantos años.

TODOS: (*Gritan.*) ¡Viva el sargento Peñalba!

SARGENTO: ¡No compañeros! Yo no soy grande ni glorioso. He tenido el buen sentido del pueblo y me he animado a realizar una operación sentida y querida por todos. La patria ha sido libertada sin que hayan intervenido libertadores. Saludemos las revoluciones que realiza el pueblo, ellas son los verdaderos triunfos de la libertad. ¡Viva la auténtica liberación del pueblo!

TODOS: ¡Viva! (*Levantan los brazos con los palos que han usado durante la representación. Luego de la euforia viene un momento de desconcierto en el que van bajando lentamente los brazos y palos y se miran sin moverse de sus lugares. Se escucha la voz del celador que dice: "¡Saluden!" "¡Saluden!" "¡Saluden!" No le hacen caso y permanecen en sus lugares. Tuchi se acerca a Rosco.*)

TUCHI: ¿Y… qué ganaron? (*Los demás lo miran y no le contestan.*)

ROSCO: (*Lo saca del medio con un empujon.*) Ya vas a ver.

(*Aparece el celador, un poco nervioso, para salvar la situación. Lleva la pelota bajo el brazo. Se dirigie al público sonriente y tratando de disimular.*)

CELADOR: Señoras y señores, así termina la representación de El Gigante Amapolas. Espero que sepan perdonar los errores voluntarios y a veces voluntarios de los internados. Gracias… ¡Muchas gracias! (*Se acercan a los muchachos.*) ¡Saluden! ¡Saluden! (*Nadie se mueve. El celador se dirige al público sin saber que decir y cada vez más nervioso.*) Nuevamente… ¡Muchas gracias! (*Se encara con los muchachos.*) ¡Queridos!, no se olviden que el que sigue mandando aquí, ¡soy yo! (*Le tira la pelota a Hugo con fuerza.*) Ahora, ¡jueguen el partido!

HUGO: (*Le devuelve la pelota con violencia.*) ¡Jugalo vos!

CELADOR: ¿Qué les pasa?

ROSCO: (*Avanzando hacia él.*) ¡Esto se acabó! (*Los demás lo siguen. El celador retrocede atemorizado.*)
CELADOR: (*Grita.*) ¡Señor director! ¡Guardias! ¡Aquí!

(*Suena la sirena y funciona la luz roja. Un grupo hace retroceder al celador. Otro arranca la luz roja y la destroza y otro grupo hace callar la sirena. El celador se siente sobrepasado y huye atemorizado por platea. El grupo de muchachos lo sigue gritando consignas de Alberdi. Comienzan a funcionar luces rojas y sirenas en la sala y reflectores que iluminan al público. Tuchi queda solo en el escenario y lentamente empieza a barrer. La luz del escenario se apaga mientras continua accionando sobre la sala, la sirena y el reflector.*)

FIN

El jardín de los Frenchi Berutti
(o el triunfo de la voluntad)

José María Paolantonio

ACTO PRIMERO

(En el escenario vacío aparece la madre, totalmente embarazada, se desplaza con dificultad. Gestos y suspiros de dolor, mezcla de ritual y desesperación física. De repente hace un gran esfuerzo y de debajo de sus polleras sale, lentamente una persona. Se oye un cantico muy fuerte, un "Aleluyah", que irrumpe apenas sale el joven. La madre hace dos o tres inspiraciones y se va sigilosamente).

RELATOR 1: *(Apareciendo.)* ¡Eh! ¡Chist! ¡Oiga! *(No tiene éxito. Se vuelve a los espectadores.)* ¿Que me dicen? ¡Se fue!

(Comienza en piano una melodía que lentamente se transforma en canción infantil para acompañar los movimientos del chico.)

RELATOR 1: Este es un caso doloroso
                 y la historia es más bien triste;
                 quien tenga el corazón flojo,
                 puede comenzar a irse.

                 ¿Alguien hubiera soñado

108

que de este niño inocente
el día menos pensado
se iba a hacer un Presidente?

Hubiera podido ser
un general o un ujier,
un jefe de una oficina
o un agente de la esquina.

Alguien nace y otro muere,
nadie sabe qué le espera,
pero no llega el que quiere,
sino el que primero pega.

Así es la competición:
una lucha sin descanso,
el hombre es lobo del hombre,
y el que no muerde es un ganso.

¿Y con el chico qué haremos
para que llegue a sentir
que hoy es su día de estreno
y que ya empieza a vivir?

Habrá que buscar a alguien
que se haga cargo de él,
y que le tienda una mano,
ya que acaba de nacer…

(Sale.)

(Juego del niño descubriendo el mundo. Mira a su alrededor. Se chufa un dedo. Juega descubriendo las manos, los pies, las piernas, el

sexo. Salta de alegría. En cuatro patas gira alrededor del escenario.
Toca todo, mira todo, huele todo.)

RELATOR 2: (*Apareciendo.*) El niño había sido abandonado en
el jardín de una casa en franca decadencia. Cuando se produjeron
las primeras invasiones italianas, allá por 1980, don Giácomo de
las Mercedes Frenchi Berutti arribó a estos puertos. Aquí fundó
su hogar, a base de pan, cebolla y ajo, que se fue haciendo muy
numero en un comienzo. Luego, el tifus, después el cólera, la lúes,
la tuberculosis, y por último, la inflación, fueron diezmando a sus
integrantes, hasta dejar solamente a uno, la Gran abuela Frenchi
Berutti, quien se pasea por las habitaciones vacías con su locura
senil a cuestas.

ABUELA: (*Aparece cantando.*)
Corre, pájaro loco
penetra en mi corazón,
con una cucharita
o con un cucharón.

Sola estoy con una jaula
hace mucho inhabitada
ni por gestos, ni por risas,
ni por dedos, ni por nada.

Pájaro, pájaro, pájaro,
¿Por qué andas perdido ahora?
¿Quién te ha cortado tu pico
y tu canción más sonora?

Dulce pájaro loco
rompe mi inhibición
con una cucharita
o con un cucharon.

Sola y con jaula vacía
el pájaro sigue en la rama,
¿Cuánto tiempo esperaré
a que se me parta el alma?

Pájaro, pájaro, pájaro
¿por qué andas perdido ahora?
¿Quién te ha cortado tu pico
y tu canción más sonora?

(*De repente, la abuela descubre al chico, que al verla ha tratado de esconderse.*)

ABUELA: ¿Qué hace aquí este querubín? ¿Hace tin? ¿Hace rin?
CHICO: Pateaba.
ABUELA: (*Se pone en "nena", habla como el.*) ¡Pateaba! ¿y po óne pateaba?
CHICO: Po cardín.
ABUELA: ¿Guta cardín?
CHICO: Muto. Muto.
ABUELA: E cardín de la Bela…
CHICO: ¿Pela?
ABUELA: ¡De la Bela!
CHICO: ¿Pela?
ABUELA: Beno, pela. ¿Cómo viniste?
CHICO: Parecí. Parecí depende.
ABUELA: ¿Y mamá?
CHICO: Mebadonó
ABUELA: ¡Ho! ¿Y papá?
CHICO: No té. No teno.
ABUELA: ¡Tolo nel mundo!
CHICO: (*Se pone a llorar.*). ¡Tolo! ¡Tolo! ¡No me quere nadie!
ABUELA: ¡Pela te quere!

CHICO: ¿Pela? ¿Mé quere?

ABUELA: ¡Ti! ¡Te quere!

CHICO: ¿E po qué me quere?

ABUELA: Po que…! tos valón!

CHICO: ¡Ah! ¿Me quere po pacarito?

ABUELA: Po pacarito, y po que tas tolito. Y po que sos nenito, chiquitito…

CHICO: (*Saltando de alegría.*) ¡Creco! ¡Creco! Con tiempo, Creco.

ABUELA: ¡Ya té! Po eso, po eso.

CHICO: ¿Me quedo co vo?

ABUELA: ¿Vo querés?

CHICO: Ti. Tos vieca pelo muena.

ABUELA: Tonche, te recoco.

CHICO: ¡Tempo! Tempo! ¡Tempo al tempo!

ABUELA: (*Al público.*) ¡Lo recogí! ¿Qué otra cosa podía hacer? Él estaba sólo en el mundo… Yo estaba sola en el mundo… Le puse de nombre: ¡Jardín de los Frenchi Berutti, porque era la tierra donde había nacido! (*Hacen los dos unos pasos de samba.*)(*Aparecen dos vecinos a visitar al chico.*)

VECINO 1: Chiqui, chiqui, chiqui, chiqui…

VECINO 2: Upa la lá, upa la lá

VECINO 1: Chiqui, chiqui, chiqui, chiqui…

VECINO 2: Alalá, alalá, alalá, alalá…

VECINO 1: Jui, jui, jui, jui…

VECINO 2: Agagá, agagá, agagá, agagá… (*Etcétera.*)

(*Chico los mira estremecido.*)

CHICO: (*A abuela.*) ¿Ete é el mundo, Pela?

ABUELA: (*A los vecinos, que siguen haciendo gestos infantiles.*) ¿Y la inteligencia? Nunca vi más inteligencia junta. Y toda en esa cabecita (*La besa.*), en ese craniecito (*Ídem.*), en esa calaverita (*Ídem.*). ¿Y el vigor? Nunca vi más vigor junto. En ese. (*Va a tocar el sexo. Se contiene.*) Ahora decile un versito a los señores, ¿eh? Ese que tenés

112

preparado para la escuela. (*Abuela se sienta con los vecinos como en una fiesta. El chico esta consigo.*)

VECINO 1: Vamo, vamo…

VECINO 2: ¡Un poquito!

VECINO 1: ¿Cómo era ese versito?

VECINO 2: ¡Un poquito del versito! (*El chico se decide. Se adelanta.*)

CHICO: (*Como anunciado el título.*) ¡Jaimito! (*Gran espanto de todos.*)

ABUELA: ¡No, no! ¡Jaimito no! ¿Cómo era el versito que hiciste?

VECINO 1: Los zapatitos… ¿Cómo era?

VECINO 2: Las medias me dan… ¿Qué?

(*El chico se dispone otra vez a comenzar. Se adelanta. Saluda. Lo aplauden.*)

CHICO: (*Recitando convencionalmente.*)
Tos papatitos maprietan
poque numeo é muy chico
dique a boludo del vieco
que me lo compara gandes.

Tas medias me dan calod
¿Quién te le ocurre usad lana
neta velano calente
cando te corre la cana?

Y aqué motito denfante
ese bico, con anteoco,
medio nano, medio checo,
con ese olod aqueroto

Me tene loco de amod,
que é un amod fatenal
tiempre quel motito ese
no resute homosexual…
ABUELA: (*Mientras toca una campana.*) ¡Que te vaya bien,
Jardin! ¡Tené cuidado al cruzar la calle! ¡Mirá para los dos lados!
¿Estudiaste para hoy? ¿Cuánto es cuatro más dos? ¡Veni enseguida,
Jardin! ¡No te quedes por allí! ¡Con esos vagos…! (*Lagrimeando dice
al público.*) ¡Se me va! ¡Se me va! ¡Yo sé que se me empieza a ir…!
(*Sale, llorando.*)

(*Entran maestro 1 y maestro 2. Cantan y bailan la canción del
magisterio.*)

MAESTRO 1: Esto sí y esto no.
              una cosa es una cosa.
MAESTRO 2: Y A más B
              nunca son C.
MAESTRO 1: Repitiendo la pregunta,
              espero contestación:
              una cosa es una cosa…
MAESTRO 2: Y otra cosa es otra cosa.
MAESTRO 1: La curva y la hipotenusa
              hacen la vida confusa
MAESTRO 2: Y nunca la geometría
              pudo traer alegría.
AMBOS: ¡Magisterio! ¡Magisterio!
              ¡Magis! ¡Magis!
              ¡Terio! ¡Terio!
              No te lo tomes en serio… (*Bis.*)
MAESTRO 1: Y si usted me copia ahora
              no sabe cuánto lo siento,
              porque le pondré un aplazo

en homenaje a Sarmiento.
MAESTRO 2: Nada de imaginación
              y no traiga ideas raras
MAESTRO 1: Y no me haga un papelón
              ni se me ría en la cara.
MAESTRO 2: Una escuela es una escuela.
MAESTRO 1: No es un circo ni un museo.
MAESTRO 2: ¡Aquí se viene a estudiar!
MAESTRO 1: ¡Y no me tire tintero!

(Salen los dos corriendo. Entra Jardín con guardapolvo. Se sienta, Espera. Aparecen los profesores, caminando pausadamente. Toda la escena se juega como un interrogatorio policial, con golpes y torturas.)

PROFESOR 1: (*Mirando a Jardín.*) ¡Ajá!
PROFESOR 2: (*Ídem.*) ¡Hum!
PROFESOR 1: (*Sentándose.*) Bueno, te escuchamos…(*Silencio de Jardín.*)
PROFESOR 2: Te conviene hablar por las buenas, pibe…
(*Silencio de Jardín.*)
PROFESOR 1: Si vos sabes todo… (*A profesor 2.*) Nosotros sabemos que vos sabes todo… (*A Jardín.*) Dale, canta… Abrí el pico…
PROFESOR 2: (*Por lo bajo.*) Una mañana un pajarito… (*Canta.*)
(*Silencio de Jardín.*)
PROFESOR 1: Vamos, no te hagás el estrecho, querido…
PROFESOR 2: Vos sabes lo que les pasa a los que se hacen los estrechos…
(*Silencio de Jardín.*)
PROFESOR 1: ¿Y?
PROFESOR 2: Se hace, se hace. Se está haciendo el que no sabe…

(*Silencio de Jardín.*)

PROFESOR 1: (*Levantándose.*) Vamos a ver, menos vueltas. (*Va hasta Jardín. Lo increpa.*) Hablas o no hablas!

JARDÍN: (*Balbuceante.*) No sé... No sé nada...

PROFESOR 2: Vamos, cómo no vas a saber... Pensá un poco, si vos sabes... Puerto de Palos... 1492...

JARDÍN: Les digo que no sé... que no sé nada...

PROFESOR 1: (*A Profesor 2 con sorna.*) ¡No sabe nada!

PROFESOR 2: (*Ídem.*) Pobrecito, El inocente... (*Silencio de Jardín.*)

PROFESOR 1: Mira pibe que una cosa es tener paciencia, y otra cosa es ser boludo...

PROFESOR 2: La semana pasada dimos el Medioevo...

PROFESOR 1: En Francia y en Italia... ¿te acordás?

(*Jardín niega.*)

PROFESOR 2: Y en España. ¿Te acordás de España?

(*Jardín asiente.*)

PROFESOR 1: Bueno, ¡quien fue!

PROFESOR 2: (*Va violentamente sobre Jardín. Lo acogota.*) ¡Hable carajo! ¿Quién fue?

(*Profesor 1 contiene a profesor 2. Va hasta Jardín. Le toma un brazo y se lo va doblando mientras pregunta.*)

PROFESOR 1: La reina la dio las joyas...

PROFESOR 2: Las mando al empeño...

PROFESOR 1: Y a su hijo Diego lo metió en un convento...

PROFESOR 2: Y puso un huevo sobre la mesa...

JARDÍN: (*Mordiéndose los labios para no gritar.*) No sé... No sé nada... Les juro que no sé quién fue...

PROFESOR 1: (*A profesor 2.*) Je, je... un santito...

PROFESOR 2: (*ídem.*) Ahora no sabe nada...

PROFESOR 1: Son todos iguales. Cuando tienen que hablar, ellos no vieron nada, no hicieron nada…

PROFESOR 2: No saben nada…

PROFESOR 1: Empecemos de nuevo, ¿eh? Mira pibe, canta lo que te pedimos, y te vas piola por esa puerta, ¿entendés?

PROFESOR 2: (*Como en complicidad con Jardín.*) ¡Habla que te conviene!

PROFESOR 1: ¿Fue Sebastián El Cano?

(*Jardín niega. Profesor 1 le da una cachetada.*)

PROFESOR 2: ¿Fue Alvar Nueñez Cabeza de Vaca?

(*Jardín niega. Profesor 2 lo golpea.*)

PROFESOR 1: ¿Fue Vilcapugio y Ayohuma?

(*Jardín niega. Profesor 1 lo golpea.*)

PROFESOR 2: ¿Fue Victoria Ocampo?

(*Ídem.*)

PROFESOR 1: Mira hijo de puta: si te crees que nos vas a reventar la paciencia, te aseguro que tenemos cuerda para rato. (*A profesor 2.*) Trae "la amorosa"…

JARDÍN: (*Desesperado.*) ¡No! ¡La amorosa, no! ¡La amorosa, no!

PROFESOR 1: ¡Entonces, cantá de una vez!

(*Profesor 2 trae una picana eléctrica, acomoda a Jardín sobre una mesa, mientras este trata de justificarse.*)

JARDÍN: Les juro por mi madre que no sé quién fue… No leí esa parte… Me falta la hoja…

PROFESOR 2: Listo, Jefe.

PROFESOR 1: (*Mientras aplica la picana en el cuerpo de Jardín.*) Pensá un poquito: era un marinero genovés que decía que el mundo era redondo, y nadie le daba pelota (*Aplica la picana en los testículos de Jardín. Este lanza un grito.*) ¿No te acordás? Y se fue a España a entrevistar a los Reyes, y de allí lo giraron a Salamanca, donde había unos bochos que se le cagaron de risa (*Gritos de Jardín.*) ¿No te acordás?

PROFESOR 2: Acordate… La Santa María, La Niña y…

JARDÍN: (*En un grito.*) ¡Colón! ¡Colón! ¡Colón! ¡Fue Cristóbal Colón! (*Llora y continúa gritando sin poder parar.*)

PROFESOR 1: ¡Eso es lo que queríamos saber!

PROFESOR 2: (*Mientras lo desata.*) ¿Cómo fue? ¡Contá!

JARDÍN: Salió del Puerto de Palos. Anduvo como tres meses por el océano, hasta que llego a las Indias, que era Santo Domingo… (*A profesor 1, ansioso.*) ¡Que no se enteren que yo se los dije, por favor! (*Llora y babea prendido de la pierna del profesor 1.*)

PROFESOR 1: (*A profesor 2.*) Llévalo a recauchutaje.

PROFESOR 2: (*Mientras lo arrastra.*) Seguro que éste no se olvida más quien descubrió América…

PROFESOR 1: ¡Ah! Y decile que pase el que sigue…

PROFESOR 1: (*Canta y baila.*)

> Es una cosa de nunca acabar:
> la gente no quiere estudiar.
> La cultura de la imagen
> hace que al libro le rajen.
>
> Así no podemos seguir
> si queremos conseguir
> una gente culta y fiel
> de acuerdo a nuestro nivel.
>
> Y no es que yo desconfíe
> de todo aquél que se ríe,
> pero se toma en joda
> todo lo que ya no es moda.
>
> Cómo vamos a tener
> un desarrollo completo,

si nadie quiere saber,
¡y triunfa el analfabeto!

(Entra una chica de guardapolvo blanco. Mira todo con curiosidad. De repente ve a Jardín, que esta de espalda. Quiere ir hasta él, pero este la detiene.)

JARDÍN: ¡Chist! ¡Me estás pisando la cadena!

CHICA: ¿Qué cadena?

JARDÍN: ¡La cadena!, ¿no ves? Estoy inventando la cinta transportadora.

CHICA: ¿Con las hormigas?

JARDÍN: ¡Claro! Las hormigas son incasables. Llevan cosas de aquí para allá. Yo las ato a un hilito y así multiplico la fuerza, ¿ves? Las ato en el cogotito. Algunas se degüellan solas, pero que se embromen, por estúpidas.

CHICA: ¿Siempre haces esas cosas extrañas?

JARDÍN: Cuando me agarra la inspiración. ¿Yo a vos te conozco?

CHICA: No sé. A veces vengo por aquí. Nosotros vivíamos en la casa de al lado, antes de mudarnos.

JARDÍN: ¿Y por qué se mudaron de una casa tan linda?

CHICA: A mi papá no le van bien los negocios. Entonces vendimos la casa que es muy grande. ¿Ves? Tiene cuatro balcones, y compramos otra más chica. Mi papá es corredor.

JARDÍN: ¿De autos?

CHICA: No, de aparatos de televisión. Y tiene que ir de un lado para otro. ¿No tenés un caramelo?

JARDÍN: No, no tengo.

CHICA: ¿No tenés plata?

JARDÍN: No como caramelos. Como lo que compra mi abuela. Y mi abuela es muy vieja para comer caramelos.

CHICA: ¿Y qué hace todo el día, si no come caramelos?

JARDÍN: A la mañana toma una copita de anís, a la tarde un vasito de ginebra, ¡y a la noche se empina el whisky!

CHICA: ¡Pero tu abuela es una borracha!

JARDÍN: No. Lo hace para ver doble. Para que la casa parezca más llena…

CHICA: ¿Son pocos ustedes?

JARDÍN: Ella y yo.

CHICA: ¿Y tu mamá?

JARDÍN: (*Después de pensarlo.*) Se murió.

CHICA: ¿Y tu papá?

JARDÍN: También se murió. De cáncer.

CHICA: ¡Pobre! ¿Sufrió mucho?

JARDÍN: Imaginate. Gritaba todas las noches. Y yo le ponía las inyecciones y lo cuidaba.

CHICA: ¿Vos?

JARDÍN: Sí, inyecciones fáciles. De esas que pone todo el mundo.

CHICA: ¿No te impresionaba?

JARDÍN: Era mi vieja, ¿no?

CHICA: ¡Pobre! ¿Te quería mucho?

JARDÍN: Mucho. Y yo también. Él siempre decía que quería que yo fuera como él.

CHICA: ¿Qué era él?

JARDÍN: Abogado. Tenía una fábrica.

CHICA: ¿Una fábrica? Entonces era ingeniero.

JARDÍN: No. Era abogado

CHICA: Pero las fábricas las tienen los ingenieros.

JARDÍN: Esta era una fábrica especial. Para abogados.

CHICA: No hay fábricas para abogados.

JARDÍN: ¡A no! ¿Y los tribunales?

CHICA: (*Pensándolo.*) Bueno. Pero son muy pocas. Y tu papá no puede haber sido dueño de los Tribunales.

JARDÍN: El que era ingeniero era mi abuelo.

CHICA: ¿El marido de tu abuela?

JARDÍN: Sí.

CHICA: ¿Y se murió, también?

JARDÍN: (*Vacila.*) No… se fue… a Europa!

CHICA: ¡Qué lindo! ¿Manda postales?

JARDÍN: ¡Muchas postales! Todas a caballo.

CHICA: ¿Anda a caballo en Europa?

JARDÍN: ¡Los monumentos! Todos los monumentos son a caballo.

CHICA: ¿Y tu abuelo está arriba?

JARDÍN: (*Molesto.*) ¿Arriba de dónde?

CHICA: ¡De los caballos! ¿No decís que anda a caballo?

JARDÍN: ¿Sos loca vos? ¿Quién te dijo eso?

CHICA: Vos lo dijiste. Recién. Que andaba a caballo por Europa.

JARDÍN: ¡¿Quién?!

CHICA: ¡Tu abuelo! No te hagas el zonzo.

JARDÍN: ¡Más zonza sos vos, que no entendés nada!

CHICA: ¿Yo? Si fuiste vos el que dijiste que tu abuelo andaba a caballo en los monumentos de Europa.

JARDÍN: ¡Pero cómo te voy a decir esa boludez!

CHICA: ¿Entonces la inventé yo?

JARDÍN: ¿Vos no sabes más que preguntar?

CHICA: ¿Yo pregunto?

JARDÍN: Sí, vos preguntas. Y preguntas pavadas.

CHICA: (*Despues de un silencio.*) Entonces me voy.

JARDÍN: ¿No querías ver tu casa de antes?

CHICA: Voy a ver otro día. Cuando esté sola.

JARDÍN: ¡Vení! No te vayas enojada.

CHICA: Yo no me voy enojada.

JARDÍN: Pero tenés trompa. Porque te dije pava…

CHICA: Más pavo serás vos…

JARDÍN: Perdóname. Yo no sé estar con una chica.

CHICA: Con esos modos no vas a estar nunca con ninguna. Porque no te van a aguantar.

JARDÍN: Pero yo quiero poder conversar con las chicas.

CHICA: ¿Con todas las chicas?

JARDÍN: ¡Con todas! De a una por vez.

CHICA: Miren la pinta del galán.

JARDÍN: Yo no soy ningún galán. Pero tampoco soy tan feo, ¿no?

CHICA: Feo no sos. ¡Sos horrible!

JARDÍN: ¡Mentira!

CHICA: Tenés la nariz grandota. Y el pelo como un cepillo. ¡Y las orejas!

JARDÍN: ¡Que tienen mis orejas!

CHICA: Mi papá antes vendía orejones. Son igualitos.

JARDÍN: Me querés hacer enojar. Te estas vengando porque te dije idiota.

CHICA: ¡Nunca me dijiste idiota!

JARDÍN: Bueno, te dije pava. O algo así.

CHICA: ¡Más pava será tu abuela!

JARDÍN: ¡No te metas con mi abuela!

CHICA: Una vieja borracha que tiene al marido loco que anda a caballo por Europa.

JARDÍN: ¡Déjala tranquila a mi abuela!

CHICA: Entonces déjame tranquila a mí.(*Un silencio.*)

JARDÍN: ¿No ves que no se hablar con las chicas?

CHICA: ¿Qué querés ser cuando seas grande?

JARDÍN: No sé. Marinero.

CHICA: ¿Y vas a dejar a tu abuela sola?

JARDÍN: A lo mejor vuelve el abuelo. O a lo mejor se muere. O a lo mejor la llevo conmigo.

CHICA: ¿De marinera?

JARDÍN: No sé. A lo mejor también estudio otra cosa.

CHICA: ¿Vas a ser abogado, como tu papá?

JARDÍN: Quisiera ser inventor.

CHICA: ¡Inventor! ¿Y qué es eso?

JARDÍN: Y… uno que inventa. Que hace unas cosas que antes no se conocían.

CHICA: ¿Y cómo es una cosa que antes no se conocía?

JARDÍN: ¡Que se yo! ¿No ves que todavía no se conoce?

CHICA: Yo no conozco ningún inventor.

JARDÍN: Son muy raros.

CHICA: Entonces está bien, porque vos también sos muy raro.

JARDÍN: Son muy raros de encontrar, quiero decir. Existe uno en cada siglo.

CHICA: ¡Uno en cada siglo! ¿Y vos querés ser único en tu siglo?

JARDÍN: Aja. Me gustaría.

CHICA: Pero a lo mejor ya nació otro inventor. Y entonces no te queda siglo.

JARDÍN: ¡Que joda! Tenés razón.(*Miran el aire.*)

CHICA: ¿Vos nunca tuviste novia?

JARDÍN: No. ¿Y vos?

CHICA: ¡Puf!

JARDÍN: ¿Qué quiere decir "puf"?

CHICA: Quiere decir muchos.

JARDÍN: ¿Novios que te besaban, y todo eso?

CHICA: Algunos me besaban, otros no.

JARDÍN: ¿Y qué hacían?

CHICA: ¿Quiénes?

JARDÍN: Los que no te besaban, ¿Qué te hacían?

CHICA: ¿Sos puerco vos? ¿Qué estás pensando?

JARDÍN: Sos vos la que dijiste que algunos te besaban y otros no.

CHICA: Los otros me escribían cartas.

JARDÍN: ¡A tu casa!

CHICA: No, en el banco. Iban al turno de la mañana. Y yo les contestaba por la tarde. ¿Nunca te escribiste con nadie en la escuela?

JARDÍN: No. Nunca encontré nada.

CHICA: ¿Pero buscaste bien?

JARDÍN: En realidad nunca busque mucho. Mañana me fijo bien.

CHICA: ¿Y si encontrás una carta, que te pasa?

JARDÍN: ¡Se me da vuelta el corazón!

CHICA: ¿Te enamoras?

JARDÍN: ¡Claro! ¡Me enamoro como un loco!

CHICA: ¿Y de mí no te enamoras?

JARDÍN: Si vos tenés novio.

CHICA: Tuve. Pero ahora no tengo ninguno.

JARDÍN: ¿Y querés tener?

CHICA: Yo no. ¿Y vos?

JARDÍN: (*Rápido.*) ¡Yo tampoco!(*Otro silencio.*)

CHICA: ¿Qué me podes regalar?

JARDÍN: ¿Para qué?

CHICA: Para que me acuerde de vos. Para que vuelva mañana.

JARDÍN: (*Busca inútilmente.*) Y… te puedo… regalar… a ver… te puedo…espérate… no sé… no sé me qué puede ser…

CHICA: ¿Si me regalas una flor?

JARDÍN: La abuela me mata. Las tiene contadas. ¿Y si te regalo tus margaritas?

CHICA: ¿"Mis" margaritas?

JARDÍN: Si, las del jardín de tu casa de antes.

CHICA: No me gusta porque me da tristeza.

JARDÍN: Entonces no sé.

CHICA: Yo tampoco.

JARDÍN: ¿Si te regalo tierra?

CHICA: ¡Tierra! ¡Para que me ensucie el guardapolvo!

JARDÍN: Yo digo porque es fácil.

CHICA: Pero es sucio.

JARDÍN: ¡Ya se! Un cascotito. ¿Querés un cascotito?

CHICA: (*Resignada.*) Buenos. Pero que sea lindo, ¿eh?

JARDÍN: (*Busca desesperado.*) Espérate… no hay ninguno lindo.

CHICA: A ver ese…

JARDÍN: (*Se lo alcanza.*) Pero es un cascote rojo cualquiera…

CHICA: Sí, es feo… ¿No hay otro?

JARDÍN: (*Busca con más ahínco.*) No sé… no encontré…

CHICA: Bueno, entonces decimos que éste es lindo, y ya está. ¿Vos cómo te llamas?

JARDÍN: Jardín. Jardín de Frenchi Berutti.

CHICA: ¡Cómo te llamás!

JARDÍN: Jardín ¿Qué tiene? ¿No hay chicas que se llaman rosa o margarita? Bueno, yo soy un Jardín completo.

CHICA: Además es lindo: Jardín. Es lindo.

JARDÍN: ¿Y vos cómo te llamás?

CHICA: (*Riendo.*) ¡Azucena! (*Ríen los dos.*)

JARDÍN: ¿Azucena?

CHICA: Azucena.

(*Riendo, se toman de la mano. Se abrazan. Están por besarse.*)

CHICA: (*Se separa.*) Mañana me tenés que tener un cascote mejor, ¿eh?

JARDÍN: ¡Compro el más lindo que haya!

CHICA: ¡No! Comprado no. Encontrado.

JARDÍN: (*Se tira, eufórico, al suelo.*) ¡Ya me pongo a buscar!

CHICA: Hasta mañana, Jardín.

JARDÍN: Chau Azucena…

(*Cantan los dos.*)

Ha llegado recién sin esperarlo
el amor
y ya viene a quedarse para siempre
el amor.

Amor para vos
amor para mí
de vos hacia mí
de mi hacia vos.
Amor, amor,
amor.

Nunca hubiera pensado que aquí estaba
el amor
pero ahora que lo encuentro no quiero separarme
del amor

Amor para vos
amor para mí
de vos hacia mí
de mí hacia vos.
Amor, amor,
amor.

(*Aparecen sucesivamente los distintos patrones.*)

PATRÓN 1: ¿Así que vos buscas trabajo, pibe? ¿Y qué sabes hacer? (*Asombrado.*) ¡¿Qué sabes?! ¿Y qué es eso? ¿Inventar cuentos, inventar excusas para llegar tarde? Bueno, yo los únicos inventos que conozco son esos. Y ya no me estas gustando nada, ¿sabes? Además no me gusta tu trucha. Muchas orejas. Te debes pasar las noches meta puñeta, ¿no? Y estoy seguro que sos un dormido, y un contestador. Porque tenés pinta de matoncito. Y aquí nadie se viene a hacer el machito, ¿entendés, carajo? Y ya te podes ir, ¡ya te estas yendo! ¡Porque aquí no hay más machito que yo, mocoso de mierda!

PATRÓN 2: ¿Y usted estudia, querido? ¿Qué estudia? Está muy bien, eso está muy bien. Se ve que tiene dedicación. ¿Cuantos años, querido? ¿Cuántos años tenés, quiero decir? ¿Quince, nada más? ¡Qué bien desarrollado que estas! Si sos todo un hombrecito, querido. Bueno, yo había puesto el aviso para corretaje, pero ahora que te veo, me parece mejor que entres a trabajar en el escritorio. Conmigo. A vos te conviene porque vas a estar al lado de tu patrón, ¿no? Y vas a poder hacer carrera. Según como nos manejemos, yo te puedo aumentar el sueldo, y prestarte el coche, si lo necesitas algún día para salir con una negrita… ¿Qué te pasa, querido? ¿Te sentís mal? ¿Estás enfermucho? ¡Vení, querido, vení! ¿Adónde vas?

PATRÓN 3: Escuchame Jardín. ¿Vos te llamas Jardín, no? ¡Qué disparate! Bueno, escuchame, Jardín. Yo lo único que te pedí es que pusieras una caja arriba de la otra. Una caja arriba de la otra quiere decir, exactamente, una caja arriba de la otra. El orden lo pongo yo, porque soy el patrón. Y no me importa si hay una manera mejor de ordenar las cajas. No me importa. A mí me gusta así, y listo. Y no tengo por qué darte explicaciones. ¡Porque sí! ¡Porque se me ocurre! ¡Porque soy el patrón, ¿entendés?

PATRÓN 4: ¡Ah no, no, no, no, no, no! Así vamos mal, muchacho, así vamos mal. Esta casa fue fundada en 1911, ¿oíste? ¡1911! Hace más de sesenta años que las cosas se hacen así, mi abuelo las empezó a hacer así y se lo enseño a mi padre. Y mi padre me lo enseño a mí. Así que ¿para qué quiero yo ideas, eh? Quiero laburo, que es lo que en definitiva trae los mangos. Las ideas déjalas para charlas con los pibes en el bar, con las minas. Y si querés probar un sistema nuevo, probalo en tu casa, con tus cosas. No con mis mangos. Acá: a poner el lomo y laburar. La fórmula es sencilla, ¿no? Es tan vieja como el mundo. Y nunca se encontró otra mejor.

(*Aparece Jardín mientras desaparecen los jefes. Actúa como un mu-ñeco mecánico.*)

JARDÍN: No señor, sí señor.

     ¿Cómo señor?

     No sé señor.

     Sí señor, no señor.

     Disculpe señor.

     No sé nada, señor.

     Sí señor, sí señor,

     sí señor, sí señor… (*Sale.*)

RELATOR 1: La vida así va pasando para Jardín, como la cinta esa que inventó, sin fin.

JARDÍN: (*Pasando de un lado a otro.*) Estoy tratando, sin que nadie me vea, de inventar algo, una cosa cualquiera.

RELATOR 2: Nadie puede en este mundo ser decente y pretender que además, lo ame la gente.

JARDÍN: (*Pasa de vuelta.*) Algo, que aunque sea de lata, me pudiera dejar plata…

RELATOR 1: Los ideales van primero hasta que aprieta el dinero.

JARDÍN: (*Ídem.*) Tal vez alguna zoncera, pero que la gente quiera…

(*Comienzan a oírse ruidos de ametralladoras, bombas, etc. Luces que se prenden y se apagan. Clima de campo de batalla.*)

RELATOR 2: Jardín decide por fin estudiar, en cuanto sale de trabajar.

RELATOR 1: Y como no tiene tiempo que perder no hace otra cosa más que leer.

RELATOR 2: Plata no tiene, tiempo tampoco, ¿no es como para volverse loco?

RELATOR 1: Pero como lo que a Jardín le sobra es voluntad, una mañana se inscribe en la Universidad… (*Jardín –con grandes anteojos– se pasea leyendo entre el fragor de la batalla. Por detrás se ven figuras trabadas en lucha mortal.*)

JARDÍN: (*Leyendo.*) "El cosmos, éste es el lugar de sorprendentes posibilidades para las investigaciones nunca vistas en la historia de la ciencia. El calor y el frío, inasequibles a nuestras instalaciones terrestres, el enrarecimiento ideal, inasequible para nuestra técnica del vacío, ¿cuál es el físico que no envidiaría a los que trabajaran en la estación extraterrestre? Lejos de la respiración caliente de la Tierra, caldeada por el Sol, el experimentador, impidiendo el acceso de los rayos solares, sin la complicada y cara máquina refrigeradora, conseguirá la temperatura máxima. Verá cómo se amortigua el movimiento de las moléculas en la proximidad del cero absoluto. La física de temperaturas bajas saldrá a los espacios abiertos de la naturaleza. El espacio universal será su laboratorio…

(*Explota una bomba que lo tira contra un costado. Cae en una especia de casamata donde se halla una tiradora. Todo el dialogo se hace mientras la tiradora dispara su fusil y lanza granadas.*)

TIRADORA: Quédese quieto. No levante la cabeza. (*Grita mientras tira una granada.*) ¡Hijos de puta! Alcánceme el paquete.

JARDÍN: (*Jardín sin entender nada.*) ¿Cuál?

TIRADORA: (*Señalando.*) Ese que está ahí. Rápido

JARDÍN: (*Se desplaza como puede, mientras trata de continuar leyendo.*) "Se podrán realizar en una escala jamás vista hasta ahora las investigaciones de superconducción. Actualmente los superconductores no son patrimonio de la práctica"

TIRADORA: ¡Vamos! ¡Más rápido!

JARDÍN: Es muy pesado.

TIRADORA: Arrástrelo con cuidado. No lo golpee.

JARDÍN: (*Haciéndolo.*) ¡Que pesado! ¿Qué tiene?

TIRADORA: ¡Dinamita! ¡Apure!

JARDÍN: (*Temblando entero, mientras arrastra a duras penas el paquete. Trata de repetir la lección de memoria, como si recitara una plegaria.*)… En escala jamás vista… las investigaciones de… super-conducción… que hasta ahora… no se realizan… en la práctica… ¡Aquí está!

TIRADORA: Dejalo ahí. ¿De dónde sos?

JARDÍN: Ciencias físicas.

TIRADORA: (*Tira otra granada. Grita.*) ¡Hijos de puta! ¡Cerdos!

JARDÍN: ¿Y vos?

TIRADORA: Estudios orientales. (*Mientras descarga su ametra-lladora.*) Preparo mi tesis sobre "La influencia de Gandhi en el mun-do moderno" (*A los otros.*) ¡Hijos de puta! (*A Jardín.*) ¿Agrupación?

JARDÍN: ¿Qué?

TIRADORA: Agrupación de superficie a la que pertenece, compañero.

JARDÍN: No tengo. Soy apolítico.

TIRADORA: (*Deja de tirar. Lo mira detenidamente.*) No enten-dí bien. ¿Dijo "apolítico"?

JARDÍN: Sí. Sin política. No tengo bando.

TIRADORA: (*Se acerca a él le da la mano.*) Lo felicito, com-pañero. Ustedes son los que se van a tragar el mundo. (*Vuelve a su fusil.*) ¡No van a llegar hasta aquí, cerdos!

JARDÍN: (*Vuelve a su lectura.*) "Sólo un laboratorio extraterres-tre permitiría estudiar ampliamente los rayos desconocidos hasta ahora, sin limitar a los investigadores en lo que a tiempo y a peso se refiere…"

TIRADORA: ¡Están entrando por la biblioteca!

JARDÍN: ¿Quiénes?

TIRADORA: ¡Los cerdos! ¡Los hijos de puta! (*Gran estruendo. Se oyen vidrios que se rompen, etc.*)

TIRADORA: ¡Hay que replegarse al sector B!

JARDÍN: ¿Dónde queda eso?

TIRADORA: En el salón de actos. Allí está el arsenal.

JARDÍN: ¡Pero hay que cruzar el patio!

TIRADORA: Hay un paso secreto por la sala de calderas.

JARDÍN: ¿Las de la izquierda?

TIRADORA: Las de la derecha. Tengo que llegar hasta allí para avisarles.

JARDÍN: Es peligroso.

TIRADORA: No importa. Tengo que llegar hasta allí. Usted mantenga la posición por diez minutos.

JARDÍN: (*Anotando.*) ¿Qué tengo que hacer?

TIRADORA: Mantenga la posición. A los diez minutos, raje.

JARDÍN: ¿Adónde?

TIRADORA: Por los baños se llega al gimnasio.

JARDÍN: ¿Y después?

TIRADORA: Después haga gimnasia. Disimule. (*Salta.*)

(*Jardín queda con la ametralladora entre las piernas. La mira un momento. Después vuelve al libro.*)

JARDÍN: "Lo que nos prometen los vuelos cósmicos parece un sueño irrealizable. Pero en la base de ese sueño está la ciencia. Y el avance de la ciencia convierte lo que hoy es imposible, en un posible de mañana…"

(*Llegan dos policías abruptamente. Van a pasar corriendo, cuando uno ve a Jardín.*)

POLICÍA 1: ¡Sargento! ¡Aquí hay uno! (*Van hasta él. Lo agarra de la garganta.*)

JARDÍN: ¡Ay! ¡Ay! ¡Socorro!

POLICÍA 1: ¡Pedí socorro ahora, desgraciado! ¡Hacete el zonzo!

POLICÍA 2: ¡Dale sin asco! ¡Que escarmiente!

(*Policía 1 levanta su ametralladora como para darle un culatazo. Jardín se defiende.*)

JARDÍN: ¡No! ¡No me peguen! ¡Soy apolítico!
POLICÍA 2: Todos son apolíticos cuando los pescamos.
JARDÍN: Lo juro por mi madre. Le juro por lo que más quieran, que no tengo nada que ver…
POLICÍA 2: ¡Si es cierto, decinos a donde fueron los otros!
POLICÍA 1: ¡O te hacemos cagar!
JARDÍN: Era una sola. Una mujer.
POLICÍA2: ¿Qué más?
JARDÍN: Se fue para el salón de actos, donde está el arsenal.
POLICÍA 1: ¡Lo tenían allí!
POLICÍA 2: ¿Por dónde se llega hasta el arsenal?
JARDÍN: Por la sala de calderas, la de la derecha. Es un pasillo secreto.
POLICÍA 2: ¡Vamos para allá!
POLICÍA 1: ¿Y qué hacemos con este cabrón?
POLICÍA 2: Haga lo que quiera, pero métale. ¡Son capaces de hacer volar el edificio!

(*Policía 1 suelta a Jardín. Corre hasta policía 2. De repente se da vuelta y vuelve hacia Jardín. Le aplica un fuerte culatazo por la nuca.*)

POLICÍA 1: ¡Cerdo hijo de puta!
JARDÍN: ¡Ay!!! (*Cae desmayado. Policía 1 sale corriendo atrás de policía 2.*)
RELATORA: (*Aparece diciendo al público.*)
      Hubo un tiempo de paz,
      era un tiempo de peces de colores,
      de piedras falsas y chafalonerías.
      Era un tiempo en que no se sabía.

Hubo un tiempo de ciegos,
enanos, zombis, sordomudos alegres,
que llevaban con ellos su funesta alegría.
Era un tiempo en que no se sabía.

Mucha gente vivió en aquel tiempo
suspendida en un globo celeste,
escondida en su tierna codicia,
porque ellos no sabían
…o hacían como que no sabían.

Algunos de aquel tiempo
han quedado fijados, duros,
enmudecidos en los viejos
álbumes de familia.
Tienen ojos serenos
porque no lo sabían,
tiene los labios rectos
porque decían que no lo sabían.
Tienen los hombros altos
porque hacían como que no sabían.

Hubo un tiempo pasado
en que era posible, todavía,
no saber, o fingir que
no se sabía lo que ya se sabía.

RECTOR: (*Un viejo decrépito. Se para frente a un atril para decir su discurso.*) Señores académicos, señores profesores, etcétera. Es con gran emoción en mi ya larga vida de docente universitario, coronado con este Rectorado del que he sido investido, y en el que, gracias a Dios, aún sigo con vida, es con gran emoción, digo, y etcétera, que llegamos hoy al tradicional acto de graduación del año académico de 1979, teniendo sobre nuestros pechos la honda satisfacción de que se haya recibido ¡un ingeniero! Desde hace dos años no podíamos celebrar esta ceremonia tan tradicional para esta alta casa de estudios y etcétera. Pero hoy, al haber conseguido sortear todas las dificultades, todas las clausulas, todos los paros, todas las tomas, todos los incendios y devastaciones, con el inteligente expediente de terminar su carrera por correspondencia, el ingeniero Jardín de Frenchi Berutti, justifica nuestra dedicación, nuestra responsabilidad y nuestros emolumentos. Porque el ingeniero Frenchi Berutti viene a sumarse a esa legión de jóvenes que, como ya lo hicieran en su época, Miguel Cané, Vicente Fidel López, Paul Groussac y otros jóvenes, trabajan para el futuro del país, y no para su destrucción, y etcétera. Por eso podemos decir, señores, que con esta actitud, el novel ingeniero Frenchi Berutti se está cavando su propia estatua, que estará hecha, seguramente, de bronce, de granito y y y y de etcétera.

(*Se levantan todos y comienzan a cantar el himno de la universidad apolítica.*)

TODOS: ¡Que linda una Universidad!
       ¡Aspiro a una Universidad!
       ¡Quisiera una Universidad!
       Apolítica.

       Que linda sería una geografía
       donde nadie hubiera tomado lo que no debía
       y una historia, como un libro cerrado,
       donde nadie entrara a revisar el pasado.

       Que hermosa sería una economía
       que fuera pura ley, pura teoría
       sin que nadie pudiera vincularla
       ni con los precios, ni con la carestía.

Y qué decir de la sociología
si fuera prístina y hermética,
una tabla con datos y una encuesta,
como si todo fuera cibernética.

Que utilidad la de una arquitectura
que construye paseos, rascacielos,
como un ejemplo vivo de la creación mental
que nada se conecta con la cosa social.

Dejar que el campesino siga en la agricultura,
que el ganadero mantenga sus pasturas,
que el ingeniero proyecte la autopista
y todo aquél que puede, concurra al analista.

¡Que linda una Universidad!
¡Aspiro a una Universidad!
¡Quisiera una Universidad!
Apolítica, apolítica,
apolítica.

(Aparece una secretaria. Va hasta Jardín.)

SECRETARIA: ¿El ingeniero Frenchi Berutti?
JARDÍN: Sí, señorita…
SECRETARIA: ¿Quiere acompañarme? La Frankestein Foundation lo espera.
(Aparece La Frankestein Foundation.)
FRANKESTEIN: ¡El ingeniero! ¡Un ingeniero argentino, por fin! ¡Graduado, por fin! Siéntese mi amigo. Póngase cómodo. *(Jardín se sienta, inhibido.)* ¿Un whiskicito?
JARDÍN: No gracias. No bebo.
FRANKESTEIN: ¿Un cafecito, entonces?

JARDÍN: Tampoco, muchas gracias.

FRANKESTEIN: Pero usted no quiere nada... ¿Ni siquiera una bequita?

JARDÍN: ¿Cómo dice?

FRANKESTEIN: Si quiere una beca, digo. Para perfeccionarse en el extranjero, por supuesto.

JARDÍN: ¡Claro que quiero una beca!

FRANKESTEIN: ¡Ya me parecía que a algo me iba a decir que sí! Je, je... Gran muchacho usted. ¿Qué hace?

JARDÍN: Soy ingeniero. Quiero ser inventor.

FRANKESTEIN: ¿De paredes?

JARDÍN: ¿Cómo?

FRANKESTEIN: ¿Pintor de paredes?

JARDÍN: No, no. Inventor, In-ven-tor.

FRANKESTEIN: Claro, por supuesto, tiene razón. ¿Y qué quiere inventar?

JARDÍN: Maquinas.

FRANKESTEIN: ¡Maquinas! ¿Para qué?

JARDÍN: No me importa para qué. Yo invento. El para qué no es asunto mío.

FRANKESTEIN: Correcto, correcto. Usted es un hombre inteligente. Y practico. ¡La síntesis que necesita este país!

JARDÍN: Tengo mucha voluntad.

FRANKESTEIN: Eso. Eso es lo fundamental. Lo que está faltando en este mundo es la voluntad.

JARDÍN: Si todos pusiéramos voluntad, otro gallo cantaría...

FRANKESTEIN: ¿Por qué?

JARDÍN: ¿Por qué qué?

FRANKESTEIN: ¿Por qué llovería?

JARDÍN: ¡Cantaría! Otro gallo cantaría.

FRANKESTEIN: Ah sí. Es lo mismo. Usted no hará política, ¿no?

JARDÍN: ¡No! ¿Cómo se le ocurre?

136

FRANKESTEIN: No, porque es muy feo ir a otro país con una beca y hacer política.

JARDÍN: Claro, no se debe.

FRANKESTEIN: No se debe. No se debe. ¿A usted le gusta el extranjero?

JARDÍN: No lo conozco.

FRANKESTEIN: ¡Ah! ¡Entonces a usted le gusta el extranjero! ¡Señorita: los posters!

(Con música de fondo apropiada, la secretaria pasa poster turísticos, mientras los dos siguen la conversación.)

FRANKESTEIN: Lindos paisajes, folklore, autopistas. Usted compare, ¿eh?

JARDÍN: Me imagino.

FRANKESTEIN: No se imagine. Vaya.

JARDÍN: ¿Cuándo?

FRANKESTEIN: ¿Usted habla de la beca?

JARDÍN: ¿Usted no habla de la beca?

FRANKESTEIN: Yo hablo del extranjero.

JARDÍN: Claro, de la beca en el extranjero.

FRANKESTEIN: Ah, sí claro. Es lo mismo. ¿Y usted a que iría al extranjero?

JARDÍN: A estudiar.

FRANKESTEIN: ¿A cantar?

JARDÍN: ¡A estudiar! ¡A perfeccionar mis conocimientos!

FRANKESTEIN: ¡Bravo! ¡Muy lindo! Superación.

JARDÍN: Eso es. Superación.

FRANKESTEIN: Y voluntad, ¿eh? Voluntad de superación.

JARDÍN: Eso es lo que me sobra.

FRANKESTEIN: Ya veo. Ya veo. A nivel internacional.

JARDÍN: ¿Qué?

FRANKESTEIN: Superación a nivel internacional. El mundo es chico, mi amigo. Ya hemos llegado a Marte. Todo es ahora internacional, y pronto será interplanetario. Nuestra patria es el mundo.

JARDÍN: Yo soy ciudadano del mundo.

FRANKESTEIN: ¡Ah! ¡Muy bueno! ¡Muy bueno! Yo también.

JARDÍN: Somos compatriotas.

FRANKESTEIN: Unos para todos y todos para uno.

JARDÍN: ¿Y usted me va a dar la beca?

FRANKESTEIN: ¿Yo le voy a dar la beca…? ¡Claro que le voy a dar la beca! Para que vaya a estudiar voluntad de superación.

JARDÍN: No. Eso ya tengo.

FRANKESTEIN: ¿Entonces qué quiere estudiar?

JARDÍN: Quiero estudiar física cósmica.

FRANKESTEIN: ¡Oh, la lá! ¡Como suena! ¿Y usted que va a inventar en física cósmica?

JARDÍN: No sé. Un aparato. Algo.

FRANKESTEIN: ¿Por qué no empieza por las licuadoras? Algo más chiquito.

JARDÍN: Es que me gustan las naves espaciales.

FRANKESTEIN: Bueno, a mí también me gusta Sofía Loren, pero nunca he pensado acostarme con ella. Para eso tengo mi mujer.

JARDÍN: ¿Usted se acuesta con su mujer?

FRANKESTEIN: Le diré. Tengo dificultades. Ella siempre fue frígida. Desde chiquita. Y no puede tener orgasmos plenos, ¿entiende? ¿Sabe lo que es acostarse con una heladera? Uno abre la puerta y se mete adentro. ¡Brrrrrrr!! Se imagina, ¿no? A uno también le suceden cosas. O mejor dicho, no le suceden, ¿no? El calor dilata los cuerpos y el frio los contrae, ¿no? Usted lo debe saber porque es físico…

JARDÍN: Me imagino. Así no se puede hacer nada.

FRANKESTEIN: Nada. Absolutamente nada. Un drama. ¿Y adonde quiere ir, a Europa o a Estados Unidos?

JARDÍN: A Europa.

FRANKESTEIN: ¿A Europa? ¡Que ocurrencia! ¿Usted quiere estudiar el futuro o la decadencia?

JARDÍN: Es por el idioma. Me resulta más fácil el francés o el italiano.

FRANKESTEIN: ¡Falta! ¡Falta el idioma universal! ¿Vé? Nos estamos acercando, ¿eh? Cada vez somos más, y más y más. Pero todavía queda gente atrasada como usted. Bueno, la beca es suya.

JARDÍN: ¿Ya está? ¿No tengo que hacer ningún test?

FRANKESTEIN: Bueno, pase mañana por la oficina. Le daremos algunos manuales, algunos folletos, tanto como para que sepa lo que tiene que decir y lo que no tiene que decir. Con quien tiene que hablar y con quien no tiene que hablar. En fin, detalles. Lo importante es que usted se vaya al extranjero y vuelva con la mente fresca y renovada. La mente universal, ¿estamos?

JARDÍN: ¡Oh, señor! No sé cómo agradecerle…

FRANKESTEIN: A mí no me agradezca nada. Yo solo soy un soldado de la causa. Agradézcale a la Frankestein foundation, que a partir de hoy, ¡vela por usted!

CANTAN A DUO:

> Vivir, existir,
> a nivel universal.

> Sentir, pensar,
> a nivel universal.

> Reír, amar,
> a nivel universal.

> Soñar, gozar,
> a nivel universal.

> Decir, hacer,
> a nivel universal.

Robar, violar,
a nivel universal.

Sufrir, morir
a nivel universal,
a nivel universal,
u-ni-ver-sal…

ACTO SEGUNDO

LOS DOS RELATORES SALEN A CANTAR:

Llegando a París
uno reinventar la sonrisa,
llegando a París
es una fiesta de caricias.

Las más hermosas mujeres,
los caballeros más fieles,
los senos más portentosos,
los hombres más generosos

París je t'aime,
je t'aime París.

Llegando a París
uno conoce lo que fue ansiado,
llegando a París,
es exitoso el que ha fracasado.

Los traseros más ardientes,
la cultura más vigente,
los libros más conflictivos,

el "charme" de lo delictivo.

París je t'aime,
je t'aime París.

Llegando a París
uno descubre sus carencias,
llegando a París
se ha ido "a la merde" la inocencia.

La civilización del consumo
con la dignidad de uno
y la leche más barata
para robarle a la gata.

París je t'aime,
je t'aime París.

RELATOR 1: Entre cantos y sonrisas
une baguette y algunas pizzas
Jardín de Frenchi Berutti,
todo sano, todo humano,
entra por donde entra tutti
llevando un libro en la mano.

Jardín de Frenchi Berutti
que no es lerdo, ni es otario,
llega a su Francia soñada,
como el amante a su amada,
en condición de becario.

RELATOR 2: Lo primero que él ansia
es conectarse con gente
que sin ser muy diferente

lo introduzca en una orgía.

Como él es muy argentino
se mueve como un zorrino,
y como es intelectual
quiere entender bien la cosa,
por eso llega a buscar
¡A Cortázar! (*Lo presenta.*)
RELATOR 1: ¡Y Vargas Llosa! (*Lo presenta.*)
CORTÁZAR: ¿Así que de la Argentina, eh? Claro, usted viaja a estudiar al extranjero mientras aquello arde por los cuatro costados.

VARGAS: En mi penúltimo best-seller cito un caso semejante: la explotación de la Frankestein por los becarios latinoamericanos.

CORTÁZAR: Me duele, me duele, que quiere que le diga, me duele lo que usted hace. ¿Cómo puedo calificar su actitud? Usted me parece una marmota, un faniturio, un Ontario reco.

JARDÍN: Yo creía que siendo compatriotas…

CORTÁZAR: ¿Compatriota? Escuche bien esto: desde aquí se ve bien claro la perspectiva latinoamericana. Se ve a la Revolución que inflama a toda América, Nuestramerica, Cortazamérica. Y dentro de esa fogata… ¡Nosotros desde aquí echamos nafta! Entonces, mi patria es la patria socialistamericana. ¿Usted es socialistamericano?

JARDÍN: No, yo soy becario y…

CORTÁZAR: ¿Ve? ¿Compatriota? ¿De dónde compatriota? Mi compatriota es el que muere en la selva boliviana, el que juega su vida en Venezuela, el que es acribillado en Matto Grosso. Ese que está en el frente de batalla, peleando cada palmo, rompiéndose el culo con un fusil en la espalda. Ese es mi compatriota, ¿no Mario?

VARGAS: Lo decís en tu último poema. El que gano el premio Fémina de este año.

CORTÁZAR: Disculpeme, por eso me duele cuando vienen a verme los argentinos. ¿Qué hacen aquí? ¿Qué hacen aquí, digo yo? ¿Qué buscan? ¿Dinero, fama, la "celebridad literaria"? ¿Y eso que es? ¿Qué es? ¿Qué es? ¡Caca, caca, caca! Lo único que importa es la política. Y la Revolución. ¡Y América Latina, Ameriquindia, Americariño, Americardiente!

JARDÍN: Yo no conozco America Latina. Yo no viaje nunca y por eso…

CORTÁZAR: ¿Ve? ¿Ve? ¡Ve! Seguro que éste es su primer vieja…

JARDÍN: Sí, mi primer viaje al extranjero y…

CORTÁZAR: ¿Oís eso, Mario?

VARGAS: Lo estoy oyendo y no lo creo.

CORTÁZAR: Su primer viaje al extranjero, ¿y adonde viene?

VARGAS: ¡A Francia, naturellment!

CORTÁZAR: Pero, ¿te das cuenta Mario, en el colonialismo en que hemos caído? ¿Cómo es posible que alguien haga su primer viaje al extranjero, y venga a Francia?

VARGAS: Estando Honduras, El Salvador, Nicaragua…

CORTÁZAR: Ese país así no anda. Si en cuanto pueden, todos van a hacer eso, al final van a quedar cuatro pobres diablos para hacer la revolución.

VARGAS: Cuatro boludos.

CORTÁZAR: ¡Eso! ¡Eso! Y treinta millones de colonizados. Treinta millones de idiotas que se les va a llenar la boca hablando de París.

VARGAS: Y de la Tour Eiffel…

CORTÁZAR: Y de Montmartre.

VARGAS: ¡Y del Moulin Rouge!

CORTÁZAR: ¡Y del Folies Bergère!

VARGAS: ¡Y de Le Cat d'Or!

CORTÁZAR: Y de Le Cocu Magnifique!

VARGAS: ¡¡ Y de Le Plesir Secret!!

(*Se abrazan los dos, hacen unos pasos de music hall. Terminan con el saludo del can-can.*)

CORTÁZAR: (*Sentándose.*) No, que quiere que le diga, así no se hace la revolución.

JARDÍN: Perdón, señor Cortázar. Yo le prometo que en cuento vuelva a Buenos Aires, agarro una pistola y me bajo a un policía de tránsito. Pero ahora necesito encontrar a una señora que me dijeron que venía a veces por aquí.

CORTÁZAR: ¡Ah, Pillin! Con que usted también se trae el pan abajo del brazo…

JARDÍN: No. El pan ya me lo comí en el barco. La beca no es mucha y con los informes que tengo que mandarle a la Frankestein, apenas y si me alcanza para el sellado. Es una señora que supo hacer teatro en la Argentina.

CORTÁZAR: ¿Actriz?

VARGAS: ¿La Mistinguette?

JARDÍN: No, no. Productora. De mal genio. Se pelea con todo el mundo.

CORTÁZAR: ¡Ah, ya sé!

VARGAS: ¡Julieta Ballvé!

JARDÍN: Eso es. ¿Está aquí?

VARGAS: Suele venir después de su número en "Sex and Love"

JARDÍN: ¿Está actuando en París?

CORTÁZAR: Hace strip-tease.

VARGAS: Imagínese.

(*En un ángulo, Julieta canta la canción erótica del strip-tease.*)

JULIETA: Boca
      de terciopelo.

Manos
de anzuelo.

Ingles
oscura, ganosa.

Muslos
siniestros.

¡Sexo! ¡Sexo! ¡Sexo!

Piel
áspera, caliente.

Cuello
con pelos.

Sobaco
hondo, cavernoso.

Ombligo
Lleno.

¡Sexo! ¡Sexo! ¡Sexo!

Brazos
de hierro forjado.

Saliva
espesa.

Olor
intenso, pleno.

Sexo

neutro.

¡Sexo! ¡Sexo! ¡Sexo!

(*Jardín va hasta Julieta a presentarse.*)

JARDÍN: Señora Ballvé, yo soy argentino, becario…
JULIETA: ¡Oh! ¡Un argentín!
JARDÍN: Me dijeron que podía encontrarla en París y yo…
JULIETA: ¡Oh! ¡Mon garçón! ¡Mon petit poulet!
JARDÍN: (*Tratando de sacársela de encima.*)… y que usted podía conectarme con el ambiente intelectual de París y…
JULIETA: Me ouí, me ouí, mon petit.
JARDÍN: Pero, en realidad, no sé… no sé… Me parece que usted…
JULIETA: ¿Que je quoi?
JARDÍN: … que usted no me va a conectar con los ambientes intelectuales de Paris…
JULIETA: ¿Por qué? ¿No es suficiente para usted La Sorbonne?
JARDÍN: ¡Oh! ¡Sí! ¡La Sorbona!
JULIETA: Yo doy clase de geographie superieur à la sorbonne. Je doctoré en geographie universaille.
JARDÍN: Perdón… No sabía… Me había dicho…
JULIETA: ¿Le habían dicho qué? ¿Ese cocú de Cortázar? ¿Le había dicho del strip-tease?
JARDÍN: En fin… No sé…
JULIETA: (*Arrojándose sobre él.*) ¿Y qué tiene que ver una cosa con la otra, no? ¿Qué tiene que ver el día con la noche? ¿El sol con la luna? ¿Qué tiene que ver! ¿Ah? Pero usted pasa el sol y pasa la luna y pasa el dia y pasa la noche, y usted sigue lo más campante, ¿no? Usted tiene una esquizofrenia no asumida, mi querido. Yo soy

libre. Y soy una sola. La Sorbonne es mi profesión, "Sex and love" es mi placer. ¡Y soy una sola!

RELATOR 1: (*Apareciendo de improvisto.*) Al decir eso, Julieta Ballvé mentía. Porque era Julieta hasta las doce de la noche, pero después de esa hora, era el Marqués de Cuevas. Como ya lo podrán apreciar enseguida… (*Se va.*)

JARDÍN: Entonces, usted… ¿me conectaría?

JULIETA: No sé a qué se refiere, mi querido…

JARDÍN: Con la geografía… digo, con la Sorbona, en fin… ¡con alguien!

JULIETA: Me ouí. Me ouí. ¿Usted conoce Francia?

JARDÍN: Vine directamente a París. Hace dos días que miro el Sena…

JULIETA: ¡Pero venga para acá! ¡Venga para acá, mi querido! Yo le voy a enseñar la geografía de Francia… (*Mientras dice lo que sigue, toma las manos de Jardín y las va pasando por su cuerpo.*) "¡Ortografía e historiografía de Francia! La línea europea divisoria de aguas divide a Francia en dos vertientes desiguales. Al Sur Este los Alpes la separan de Italia; al Sur Oeste, los Pirineos la separan de España. En el centro, las Cevennes, los montes del Valay, del Fores, del Cantal, de la Auvergne; las mesetas del Lemosín y de la Marche forman un poderoso nudo, unido a los Vosgos por la Còte d'Or y los montes Faucilles, y a las Corbiéres y a los Pirineos por los montes de la Espinosa y la Montaña Negra. De estas alturas descienden hacia el océano el Sena el Loire, el Garona; hacia el Mediterráneo, el Ródano; y, además, numerosos ríos costeros. El Escalda, el Mosa y el Rhin llevan al mar del Norte otras aguas francesas. (*Ahora ella abraza y toca a él.*) El clima es sano, pero vario, a causa de la vecindad del Atlántico, del Mediterráneo y de las altas montañas; es templado y húmedo en el Norte y Noroeste, frío en el Norte y cálido y seco hacia el Sureste…

JARDÍN: (*Sin saber qué hacer.*) Entiendo… entiendo muy bien…

JULIETA: (*Apasionada.*) "¡Agricultura, industrias y comercio de Francia! (*Comienzan a oírse las doce campanadas. Julieta se detiene. Se toma el pecho.*)

JARDÍN: ¿Le sucede algo?

JULIETA: No. No es nada. Ya se me va a pasar. (*Se encamina hacia afuera temblantemente.*) Voy a tomar un poco de agua, mi querido. No se mueva de aquí. Prométame que no se moverá… (*Sale.*)(*Jardín se distiende. Hace gimnasia. Se prepara para una gozosa noche de amor. Aparece el Marques de Cuevas.*)

MARQUÉS: Francia es un país agrícola por excelencia…

JARDÍN: (*Azorado.*) ¡Oh! ¡Dios mío!

MARQUÉS: …y se cosechan en abundancia los cereales, la vid, la remolacha (*Jardín trata de escapar. El marqués lo sigue.*) Las plantas forrajeras. ¿Qué le pasa, mi querido? Está también muy desarrollada la ganadería: las vacas y los toros. Venga, mon petit. ¡Quédese quieto!

JARDÍN: Pero es que… yo… no entiendo nada…

MARQUÉS: Recién llega. ¿Ya quiere entender todo, mon petit poulet?

JARDÍN: Me ahogo… me siento mal…

MARQUÉS: ¡No se vaya! Faltan las razas, las lenguas, la religión y el gobierno…

JARDÍN: Mañana, ¿eh? Mañana, señora… señor… Julieta…! Socorro (*Sale disparado.*)

MARQUÉS: (*Prendiendo un cigarrillo.*) ¡Ya me parecía que era otro argentino reprimido! (*Se va dignamente.*)

RELATOR 2: (*Aparece.*) Pero los estudios de Jardín de Frenchi Berutti en París duran poco. Llega un telegrama de la abuela, desfalleciente: "Jardín, me muero. Stop. ¿Morire sola como un perro? Stop. Vos seguí estudiando en París, no te hagas problema, que yo me llevo a la tumba mi pena, Stop. Cariños. Pela" (*Canta.*)

Volver
con la frente cansada
sin haber hecho nada de nada.

Sentir
que te soplan la vida
sin dejar la propina.

Ya adivino el parpadeo
de los ojos que sonrieron
cuando en el puerto me despidieron.

Son los mismo que miraron
mi partida hacia el suceso
de un dorado porvenir.

Pero la vida que es grela
nunca te deja volver
sin sufrir.

Partir
hacia un mundo cerrado
que te mira de costado.

Vivir
con el gran desconsuelo
de ser siempre extranjero,
de vivir sin com-par-tir.

(*La abuela, en los momentos a expirar.*)

ABUELA: ¡Viniste Jardín! ¿Por qué te molestaste?

JARDÍN: No fue molestia, Pela. Estaba teniendo muchas ganas de verte.

ABUELA: Pero no quiero que éste sea el último recuerdo que tengas de mí. He tenido momentos mejores.

JARDÍN: Ahora estas tan linda como antes. ¡O más que antes! Solamente tenés ese ojo cerrado…

ABUELA: ¿Ya se cerró?

JARDÍN: Uno.

ABUELA: Bueno, entonces, falta poco.

JARDÍN: Animo, Pela. Ahora la ciencia lo puede todo. Ya nadie se muere más que de viejo.

ABUELA: Es que yo ya soy muy vieja, Jardín.

JARDÍN: Es cierto. Entonces, retiro lo dicho.

ABUELA: ¿Te portarás bien?

JARDÍN: ¿Cuándo?

ABUELA: Ahora cuando me vaya.

JARDÍN: ¿Vas a salir?

ABUELA: Al otro mundo, digo.

JARDÍN: Si. Supongo que si. ¿Me portaré bien o me porté mal antes?

ABUELA: ¿Cuándo?

JARDÍN: Cuando todavía estabas en este mundo.

ABUELA: Te portaste bien. Fuiste obediente y juicioso. Y me hiciste entender que había cosas que yo no podía pretender de mi nieto.

JARDÍN: Y vos lo entendiste, Pela. Y te la arreglaste sola.

ABUELA: Como pude. ¿Me vas a comprar una buena mortaja?

JARDÍN: Claro. Cómo no te voy a dar ese gusto.

ABUELA: Bueno, entonces hay una en un negocio de Azcuénaga al 500, con frunces en la pechera, con florcitas rosas y amarillas, y dos tajos a los costados para que se vean las piernas.

JARDÍN: ¿Y es cara Pela? (*Suena un gong.*)

ABUELA: (*Incorporándose.*) ¿Cómo decís?

JARDÍN: Digo si es cara Pela. (*Silencio.*)

ABUELA: (*Volviéndose a acostar.*) ¿Vos creés en el destino, Frenchi Berutti?

JARDÍN: Un poco. Más creo en los astros. Soy físico espacial.

ABUELA: Yo creo en el destino. Creo que somos un libro escrito por anticipado.

JARDÍN: Se te está cerrando el otro ojo, Pela.

ABUELA: ¿Sí? Entonces quiere decir que me voy.

JARDÍN: Quedate otro ratito. Nunca te dije que yo te había querido mucho.

ABUELA: Ya lo sé, Jardín. Y yo fui muy feliz en estos últimos años.

JARDÍN: Así que me alegro mucho de haberte conocido.

ABUELA: Igualmente yo, Jardín. Pero tengo que irme.

JARDÍN: Bueno Pela. Que te vaya muy bien. No tomes frío.

ABUELA: Llevo mucho abrigo. No te olvides de la mortaja, ¿eh?

JARDÍN: No, Pela.

ABUELA: Azcuénaga al 500. Chau querido (*Se besan.*)

JARDÍN: Chau Pela. Feliz viaje.

ABUELA: Gracias, chau.

JARDÍN: Chau.

JARDÍN: (*Dice al público.*)

> Y así llega la muerte.
> En un momento dado.
> Sonriente o fría, indiferente,
> sin pasos o sin caras,
> sin ojos o sin dientes,
> en un momento dado
> -¿dado por quién?-
> llega la muerte.

Y ya no hay nada más
que pueda defenderte,
que pueda estimularte,
que pueda conducirte
hacia aquello que hacía
que vos fueras quien eras.
Porque ya no se es,
sino en pasado,
el ido, el hado,
lo acabado.
En un momento dado,
-¿dado por quien, carajo?-
llega la muerte.

Y si vos quisiste y no pudiste,
o si vos pudiste y no quisiste,
si vos pensaste pero no lo hiciste
o si lo hiciste sin pensar,
si, en una palabra,
fuiste o no fuiste,
ya eso no importa más.
Como un aroma, un olor
que se fue, que hubiera estado
en cualquier tiempo,
menos en el momento dado,
-¿dado por quién?-.
No importa. Ya es pasado.

(*Aparecen dos burócratas muy ansiosos.*)

BUROCRATA 1: ¡Ya está por llegar!
BUROCRATA 2: ¿Tan pronto?
BUROCRATA 1: Acaba de prestar el juramento.

BUROCRATA 2: ¿Y ahora qué hace?

BUROCRATA 1: Viene para acá. ¿No le digo?

BUROCRATA 2: Pero es muy pronto.

BUROCRATA 1: Vendrá a dejar sus papeles.

BUROCRATA 2: El otro no llevó todavía sus papeles.

BUROCRATA 1: Acomode el estante. Que no se confundan los papeles que vienen con los que se van.

BUROCRATA 2: Podríamos dejarle estos papeles a él, y que el otro lleve los papales de éste.

BUROCRATA 1: (*Ríe.*) ¿Le parece?

BUROCRATA 2: Nadie se va a dar cuenta.

BUROCRATA 1: Pero los sellos son distintos.

BUROCRATA 2: Tiene razón. No lo había pensado.

BUROCRATA 1: ¿Será muy malo?

BUROCRATA 2: Debe ser bueno.

BUROCRATA 1: Viene de la Sorbona.

BUROCRATA 2: El otro venía de Berkeley, y ya ve…

BUROCRATA 1: No va a comparar con la cultura Francesa.

BUROCRATA 2: Libertad, igualdad, fraternidad.

BUROCRATA 1: ¿A usted le parece?

BUROCRATA 2: ¿Qué?

BUROCRATA 1: Eso que dijo.

BUROCRATA 2: ¿Yo?

BUROCRATA 1: Sí. Usted lo dijo. Yo se lo oí.

BUROCRATA 2: Bueno. Lo habré dicho sin querer.

BUROCRATA 1: Tenga cuidado. Las paredes oyen. Y veinte años de servicios son veinte años de servicios.

BUROCRATA 2: Yo nunca he faltado en nada.

BUROCRATA 1: Ya sé, ya sé. Pero tenga cuidado con lo que dice. A él puede no gustarle.

BUROCRATA 2: ¿Sera monárquico o republicano?

BUROCRATA 1: ¿A usted que le parece?

BUROCRATA 2: No me atrevería a arriesgar una opinión.

BUROCRATA 1: Yo tampoco. (Se *oye una marcha vibrante.*)

BUROCRATA 1: ¡Ahí viene!

BUROCRATA 2: ¿Cómo tengo la corbata?

BUROCRATA 1: Torcido.

BUROCRATA 2: ¿Torcida?

BUROCRATA 1: No. Torcido. Usted está torcido.(*Burócrata 1 y 2 se forman rígidos y sonrientes. Aparece Jardín.*)

JARDÍN: Buenos días, señores.

BUROCRATA 1: Buenos días…

BUROCRATA 2: …señor secretario.

JARDÍN: No voy a darles una alocución, porque éstos no son tiempos alocuciones. Son tiempos de acción. De manera que: "hacia su destino de grandeza", "Ser nacional y nuestro estilo", "no somos subdesarrollados", "contemplo", "bronce", "emoción", futuro", "comprometo" y "me lo demande". Nada más. ¡Que vengan los expedientes!

(*Los burócratas llegan haciendo como que cargan grandes volúmenes.*)

JARDÍN: ¿Adónde firmo?

BUROCRATA 1: A la derecha.

BUROCRATA 2: A la izquierda.

BUROCRATA 1: Al costado.

BUROCRATA 2: Hacia arriba.

BUROCRATA 1: Para abajo.

BUROCRATA 2: Más al medio.

BUROCRATA 1: Con el dedo.

BUROCRATA 2: Con la uña.

BUROCRATA 1: Con el ojo.

BUROCRATA 2: Con el pié.

BUROCRATA 1: Con el trasero.

BUROCRATA 2: Con una sonrisa.

BUROCRATA 1 Amargado.

BUROCRATA 2: Ligeramente escéptico.

BUROCRATA 1: Apasionado.

BUROCRATA 2: Con un dejo de burla.

BUROCRATA 1: Eufórico.

BUROCRATA 2: Triste.

BUROCRATA 1: Alegre.

BUROCRATA 2: Decepcionado.

BUROCRATA 1: Con leve inclinación al suicidio.

JARDÍN: (*Termina de firmar. Ordena a burócrata 1.*) Hágame una nota donde yo solicite todas las bonificaciones que me corresponden: maternidad, titulo, antigüedad, coche, viaje al extranjero, patriotismo, mayor dedicación, surmenage.

BUROCRATA 1: Bien, señor. (*Sale.*)

JARDÍN: (*A Burócrata 2.*) Usted escriba: Señor Ministro: un desastre. Aquí nadie sirve para nada. Aquí nunca se ha hecho nada, y lo poco que se hizo está mal hecho. Así que hay que empezar de cero. Espero instrucciones. (*Suena el teléfono. Atiende Burócrata 2.*) Señor secretario: la Frankestein Foundation.

FRANKESTEIN: ¿Aló? ¿Cómo le va? Hablo para felicitarlo por la designación. ¿Inventó algo?

JARDÍN: Todavía no. Pero en cualquier momento sale.

FRANKESTEIN: Veo que le ha servido la beca que le dimos…

JARDÍN: Imagínese. Ahora soy alguien…

FRANKESTEIN: ¿Comemos mañana?

JARDÍN: Convenido.

FRANKESTEIN: Mientras tanto no firme nada, ¿eh? ¡No comprometa nada!

JARDÍN: ¡Caramba! Acabo de firmar.

FRANKESTEIN: ¡Pare todo! Pare. Pare. Comemos mañana.

JARDÍN: Estoy aterrado…

FRANKESTEIN: ¿Ya? ¿Serruchado?

JARDÍN: No. Aterrado. Por lo que he firmado.

FRANKESTEIN: Me imagino. No es para menos. No se preocupe. Los alcanzaremos en el otro puesto. Ahora váyase a la cama. Ya hizo mucho hoy. Y no hable con nadie, hasta mañana.

JARDÍN: Hasta mañana.

FRANKESTEIN: ¿Se va?

JARDÍN: No. Lo saludo.

FRANKESTEIN: ¡Ah! ¡Muchas gracias! Muy amable. ¿Cómo supo?

JARDÍN: ¿Qué?

FRANKESTEIN: De mi cumpleaños. Gran tipo usted. Le agradezco, le agradezco, pero no me regale nada. Uno llega a una edad en que hay que cumplir años para atrás.

JARDÍN: ¿Su señora?

FRANKESTEIN: Bien. Frígida.

JARDÍN: Cuanto lo siento. Hasta mañana.

FRANKESTEIN: Hasta mañana.

(*Los burócratas cantan y bailan.*)

Los expedientes
son muy frecuentes.
Los expedientes
¡qué cosa vigente!

La burocracia
me hace una gracia
La burocracia
es una desgracia.

El puesto fijo
ya se le dijo
el puesto fijo
es un acertijo.

La cortesía
si lo sabría
la cortesía
y la hipocresía.

El estatuto
no sean tan bruto
El estatuto
¡y ese jefe puto!

Sueldo anual complementario
y mejoras de salario.

A mí las bonificaciones
me producen eyaculaciones.

Firmas, pases, providencias
me hacen perder la decencia.

Y todo el mundo es diferente
cuando se mete con un expediente.

(*Audición de televisión. Reportaje a Jardín.*)

LOCUTORA: Jardín de Frenchi Berutti, ingeniero, inventor, poeta y funcionario. Una carrera consagratoria. ¿Verdad?

JARDÍN: Realmente, no me puedo quejar.

LOCUTORA: ¿Cómo se siente un hombre a quien la vida le ha dado todo?

JARDÍN: Bien. Se siente muy bien.

LOCUTORA: ¿Podemos decir a nuestros oyentes: he aquí un hombre feliz?

JARDÍN: Le diré… todavía me falta algo…

LOCUTORA: ¿El amor, tal vez? ¿La relación de pareja?

JARDÍN: Bueno, también. Pero yo creo que puedo hacer cosas más importantes todavía.

LOCUTORA: Señoras y señores: un hombre que ha llegado, que ha triunfado, que ha conseguido "ser alguien", piensa que aún le quedan cosas importantes por hacer. Esto es lo que a uno lo hace sentir bien en la Argentina…

PÚBLICO 1: ¿Usted cree en la juventud?

JARDÍN: ¡Por supuesto!

PÚBLICO 1: ¿Qué le diría a la juventud de hoy, de 1985?

JARDÍN: Le diría: No desesperen. Algún día le va a llegar la madurez.

PÚBLICO 2: Se dice en el desfalco del Instituto de Física Cósmica usted tuvo algo que ver…

JARDÍN: Los diarios mienten. No le crea a los diarios.

PÚBLICO 2: No lo dicen los diarios, porque no pueden. Lo dice la gente.

JARDÍN: La gente también miente.

PÚBLICO 1: ¿Usted fue un hombre siempre de fortuna?

JARDÍN: Siempre. Mi familia tuvo fábricas y cultivos en el norte.

PÚBLICO 2: ¿Cree que alguna vez el peronismo volverá al gobierno?

JARDÍN: (*Enfático.*) Creo que está llegando el momento que se permita la expresión de las auténticas mayorías.

PÚBLICO 1: ¿Y cuál piensa usted que será la opinión de Perón?

JARDÍN· El señor Perón puede opinar lo que quiera. Algún día, cuando él desaparezca, veremos qué es lo que queda de ese movimiento.

LOCUTORA: ¿Es cierto que usted aspirará, en algún momento, a la Presidencia de la República?

JARDÍN: Creo que hay muchas gentes con mucho más mérito que yo…

PÚBLICO: (*Lo corta.*) ¿Entonces usted no aspira…?

JARDÍN: (*La corta también.*)… pero… pero… creo que nunca podría negarme a cumplir con los sacrificios que el país me exigiera.

PÚBLICO: En ese caso, ¿qué medidas tomaría primero?

JARDÍN: Le explicaré: (*Canta.*)

> Si yo fuera Presidente
> sería un hombre prudente:
> aprovecharía el gobierno
> para pasar el invierno.

> La economía de mercado
> aumentaría los asados,
> recibiría a los gringos
> hasta loas días domingos.

1: (*Dice a 2.*) ¿Y Juan Ambrosio?

2: (*Que tiene un revólver en la mano.*) ¡No! (*Dispara un tiro al aire. 1 cae al suelo.*)

> A mis primos y cuñados
> nombraría en todos lados
> ya que la familia unida
> es lo mejor de la vida.

1: (*A 2.*) ¿Y Pacheco Gonzáles?

2: ¡No! (*Mismo juego.*)

> Los sindicatos disolvería
> porque son todos una porquería
> se los trata de buen modo
> y ellos se toman el codo.

3: (*A 2.*) ¿Y Paulina Membrives?

2: ¡No! (*Mismo juego.*)

> A nadie deportaría
> pero en cárcel metería

a quien hablar se atreviera
de mí, en mala manera.
1: *(A 2.)* ¿Y Antonio Jorge?
2: ¡No! *(Mismo juego.)*
Comerciaría con China
y les daría las Malvinas,
para enojar a Inglaterra,
quien nos haría la guerra.

Esto sería de nunca acabar
porque aquí nadie querría pelear
las Fuerzas tendrían que cruzar el mar
y entonces yo podría gobernar.
3: ¿Y Frenchi Berutti?
2 ¿Qué piensa?
3: Nada.
2: Entonces sí.

(1, 2 y 3 van a abrazar a Jardín, mientras este termina con su canción.)

Y así todo el mundo estaría contento
porque sabría que tiene un gobierno
y nadie tendría nada que protestar
porque sabría ¡que se la va a dar!

(Se ha armado un desfile presidio por Jardín. De repente una mujer grita.)

MUJER: ¡Vendido! ¡Muerte a los traidores! *(Saca un revólver.)*
JARDÍN: *(Tratando de protegerse.)* ¡Deténgala! ¡Deténgala!
(1 y 2 la detienen. La zamarrea. Le quitan el arma.)
JARDÍN: ¡Tráiganla hasta aquí!

(*Llevan a la mujer frente a Jardín. Este se acerca a ella.*)

JARDÍN: ¡Sos demasiado vehemente!
      ¡Estas frente al Presidente!
MUJER: ¡El Presidente ha entregado la Nacion!
      Y yo voy a castigar esa traición!
JARDÍN: (*Se acerca a ella. La mira fijamente.*) ¿No tuviste alguna vez una casa grande, con cuatro balcones?
MUJER: ¡Que le importa a usted lo que tuve alguna vez!
JARDÍN: ¿Y un jardín con margaritas?
MUJER: ¡Tuve! ¿Y eso que tiene que ver?
JARDÍN: ¿Nadie te regaló nunca un cascote colorado, muy feo, casi cuadrado?
MUJER: ¡Nadie regala esas porquerías!
      ¡Usted regala nuestra economía!
      ¡Entrego la carne, los bancos, el petróleo,
      y ahora regala las Malvinas!
      Por eso a veces la historia
      es solo poca memoria...
      Una cosa es una cosa
      y otra cosa es otra cosa.
1: ¿Qué hacemos con ella, excelencia?
JARDÍN: Llévenla donde ustedes saben.
2: ¿Qué tratamiento?
JARDÍN: Intensivo.(*Se llevan a la mujer, que sale gritando "¡Traidores! ¡Vendidos!.*)
JARDÍN: (*Queda solo, se pasea.*)
      A veces unos quisiera saber dónde está parado,
      si al sur, al norte, al frente o al costado.
      ¿Pero cuánto hace que se lo ha preguntado?
      Uno está donde está, porque para eso ha llegado.
      Y llegar es movimiento, no quedar estancado.
      Movimiento continuo: quinta rueda del carro.

Y uno sigue el camino, rígido, firme, asimilado,
tieso, ciego, duro, seco, ¡como un palo!

(*Entra otro presidente de un país amigo, acompañado de su edecán que porta una gran caja. El otro presidente comienza a ponerle insignias a Jardín, mientras dice el discurso. Le pone tantas insignias y condecoraciones que Jardín queda casi tapado.*)

OTRO PRESIDENTE:
> Y porque nuestros pueblos… (*Insignia.*)
> nuestro común destino… (*Insignia.*)
> nuestra vocación democrática… (*Insignia.*)
> nuestro tradicional estilo… (*Insignia.*)
> nuestra lucha sin cuartel… (*Insignia.*)
> nuestro sacrificio personal… (*Insignia.*)
> nuestros intereses compartidos… (*Insignia.*)
> ¡Por eso! (*Le pone una condecoración grandísima.*)

JARDÍN: (*Se adelanta, como puede.*) En nombre de mi pueblo y de mi gobierno… (*Llama en voz baja.*) ¡Edecán! Yo no puedo menos… ¿Qué le pongo? (*Al otro presidente.*) ¡No puedo menos que… (*Al edecán.*) ¡Que le pongo, cretino!

EDECÁN: ¡No llegaron las insignias, señor! Suspendieron la provisión por falta de pago.

JARDÍN: ¡Haga algo, imbécil! ¡Busque algo! (*El edecán se quita una liga. Jardín hace otro tanto. Jardín anuda ambas ligas, que son de color azul; blanco y rojo. Se la coloca en el pecho del otro presidente.*)

JARDÍN: ¡En prueba de admiración!,la Orden del Halcón!(*Se oyen algunos compases de la Marsellesa.*)

EDECÁN: ¿Se da cuenta, Presidente?

JARDÍN: No. ¿Qué pasa?

EDECÁN: ¡Acaba de inventar la escarapela!

JARDÍN: ¿La escarapela?

EDECÁN: ¡La escarapela Francesa! ¿No ve?

JARDÍN: ¡No me diga! ¡Lo que es haber viajado!
(*Se empiezan a pasar escarapelas entre todos, también a parte del público.*)
EDECÁN: ¡Seguro, Presidente!
JARDÍN: ¡Entonces tengo la gloria!
EDECÁN: ¡Y pasara a la historia!
OTRO PRESIDENTE: ¡Una insignia bien bonita!
SU EDECÁN: ¡Y es una Orden nuevita!
OTRO PRESIDENTE: En Francia estarán honrados
                        por lo que le han enseñado.
JARDÍN: (*Se detiene.*) ¿Así que la escarapela?
                     ¡Ah! ¡Si me viera mi abuela!

(*Cantan todos la canción final.*)

TODOS: Este momento es, señores,
          para alquilar los balcones:
          Jardín de Frenchi y Berutti
          ha inventado algo útil.

          No fue bueno ni valiente
          llegó solo a Presidente,
          pero cuando lo necesitaba
          supo inventar lo que ansiaba.

          Por eso a veces la historia
          es solo poca memoria…

          Una cosa es una cosa
          y otra cosa es otra cosa,
          fíjense si no es candente
          hacer algo diferente.

Modas pasan a montones
sin que traigan soluciones,
pero una cosa que queda
es como inventar la rueda.

Por eso a veces la historia
es solo poca memoria…

Ustedes ahora irán
y esta historia olvidarán
pero ella quedara vigente
para ejemplo de la gente.

Solo con fuerza y con tino,
y siendo bien argentinos,
podrán olvidarse las penas,
¡y hasta pensar que eran buenas!

Por eso a veces la historia
es solo poca memoria…
Por eso a veces la historia
es solo poca memoria…
Es solo poca memoria…
Es solo poca memoria…

FIN

Apéndice I

Notas a la puesta en escena de *Crónica de un secuestro*

Julio Baccaro

En *Crónica de un secuestro* advertí y aprecié méritos y signos distintos, que la ubican con comodidad en un plano de importancia dentro de nuestra producción.

Si bien el asunto no me resultó original, sí me lo pareció el tratamiento de lo obsesivo y angustioso, semejante al que aplican Sartre y Camus. No quisiera, sin embargo, que se malinterprete mi afirmación. Intento decir que en Diament, alientan preocupaciones parecidas a las de los escritores citados. Escapa deliberadamente a la anécdota policíaca, -que podría rebajar la condición de la pieza- y se interna penetrante, en el conflicto de un hombre.

El secuestro -situación límite- sirve para desplegar ante nosotros el esqueleto de una sociedad corrupta basada en el lucro y la mentira.

La dirección es, en último término, un servicio y no se puede servir lo que se rechaza o no se quiere. Hay que enamorarse de la obra tanto como el propio autor.

La impresión de la primera lectura, las conversaciones y el buceo en el texto, nos encerraron en una tarea fatigosa y apasionante. El proceso fue vivido como un constante desafío. Decidimos tomarnos tiempo y no apresurarnos con el estreno. Las tazas de café y los cigarrillos fueron nuestros aliados. Todo era consultado, discutido, analizado, masticado…

Cuestionamos a Morel ¿Quién era? ¿Qué hacía? ¿Por qué había sido elegido? ¿Dónde lo habían encontrado?… Y a los otros: Pedro y Martín ¿Qué eran? ¿Qué simbolizaban? ¿Por qué no se nos daban en el texto mayores antecedentes de ellos? Por qué, para qué, cómo, dónde… Esas y otras tantas… Nos hicimos todas las preguntas y nacieron los protagonistas.

La escenografía no surgió independiente del trabajo, sino que fue fruto de este. Pedreira creó y dejó crear sobre la base de nuestras absolutas necesidades. La acción debía ser electrizante, el aire enrarecido hasta ser cruzado por ráfagas de tempestad.

El director coordina las respuestas. Mi planteo se afirmó en criterios realistas. Ningún juego ni regodeo formal me apartaron de la intención autora. La tensión creciente que latía en el texto solo podría apoyarse en el trabajo de los actores. El ritmo nace motivado por la situación.

Recién en los instantes finales, cuando Morel, luego de ser expulsado del sótano por sus secuestradores regresa, pronuncio en escena un cambio de luz. Pedro y Martín continúan sus juegos en las sombras -suerte de rito que los aparta-. Sus figuras se desvanecen y el contorno pierde validez. Morel, en cambio, es invadido por la luz. Está solo y por primera vez tiene conciencia de sí. El secuestro -o auto secuestro- lo ha desnudado. Creía haber logrado todo a costa de todo. Ha confesado, ha descargado su conciencia… Ha alcanzado su verdad sobre el umbral del infierno.

Apéndice II

Acerca de *Crónica de un secuestro*

Mario Diament

CRÓNICA DE UN SECUESTRO es una alegoría. Parte de la premisa de que la culpabilidad y la inocencia en nuestra sociedad son conceptos tan relativos como pueden serlo la seguridad y la desprotección. El hombre se protege comúnmente contra la naturaleza, contra la amenaza externa y contra sus propios instintos, pero suele estar desvalido ante su conciencia. Más allá de las leyes y los castigos y a despecho de los aparatos de represión, es el hombre a solas consigo mismo el que da la medida real de su culpa.

Incursionar en el teatro a través de una obra como Crónica implicaba asumir los riesgos de bordear el teatro político. El secuestro, un recurso delictivo limitado durante mucho tiempo a las páginas policiales, se transformó en nuestros días en un arma política de probada eficacia. Abordar, pues, una pieza cuyo tema era el secuestro significaba, de alguna manera, despertar en el público expectativas que rebalsaban el marco del espectáculo escénico.

Eludí deliberadamente la confrontación ideológica porque ello hubiera significado mellar las posibilidades dramáticas de la obra. Dos hombres debatiendo sobre el escenario sus convicciones políticas desarrollan un juego abierto opuesto a la atmósfera cerrada del drama. Pero un individuo obligado a desnudar su vida por la fuerza de una amenaza cuya naturaleza desconoce, es capaz de alcanzar intensidades trágicas.

Emilio Morel, el secuestrado, representa más que a una clase, a una mentalidad. Es probable que este tipo de mentalidad se dé con mayor frecuencia en determinados niveles socio-económicos, pero me resisto a creer que la transformación hacia una coyuntura social más justa destierre, de hecho, esta mentalidad.

El dinero en la sociedad burguesa es un medio para alcanzar prestigio y poder, dos valores estrechamente ligados al desarrollo de toda sociedad humana. Una sociedad que elimine la cualidad mediadora del dinero habrá de reemplazarlo, necesariamente, por algún otro vehículo que conduzca a los mismos fines. El mal radica en el objetivo, no en el medio.

Cuando un autor novel intenta hacer representar su obra en Buenos Aires imagina tener frente a sí una muralla inexpugnable. Dar a leer una pieza a un director significa obligarlo a dos horas de tortura, una actividad por la cual no todos sienten la misma disposición. La suerte, las relaciones y la oportunidad suelen desempeñar un papel decisivo en el proceso de llevar una obra a escena. Todo ello suponiendo, claro está, que la pieza tenga reales valores dramáticos, lo que suele darse con menor frecuencia de lo que se supone…

Conozco, sin embargo, algunos autores cuyas obras merecerían la oportunidad de un examen público y que, lamentablemente, duermen el sueño del anonimato en algún cajón marginado. También conozco autores que solo tienen de ello la suerte, las relaciones y la oportunidad.

Confieso que mi caso no ha sido una excepción. Tuve la enorme fortuna de terminar *Crónica* en el momento en que Iris Marga se encontraba al frente de nuestro teatro municipal. Solo una persona que ama profundamente su arte podría haber demostrado tal disposición a la tortura y avenirse a la tarea de leer cada uno de los originales que caían en sus manos. A Carlos Marchi, el actor que asumió el enorme esfuerzo de interpretar a Morel, le debo el haber creído en la pieza desde un primer momento y haber buscado los medios para su representación. Luis Diego Pedreira demostró la misma fe cuando aceptó cedernos su local y hasta su propia oficina, que entró a formar parte inseparable de la escenografía.

Siento una franca gratitud por la forma en que Tommy Machado y Rugo Faletti, los actores que junto a Marchi completaban el elenco en la producción porteña, abordaron la tarea de interpretar *Crónica de un secuestro*. La situación de los actores que en nuestro país viven de su arte, se asemeja a la de los trapecistas que se columpian sobre una barra. Aquellos que no acceden a las tentaciones de la televisión, libran una lucha desesperada por la supervivencia. Actuando muchas veces para un público no mayor de una veintena de personas, entregan todo su entusiasmo y toda su convicción en un acto de fe que es la única explicación al por qué existe aún teatro en la Argentina.

En cuanto a la puesta en escena de Julio Baccaro, tuvo toda la intensidad y la fidelidad que un autor pueda esperar para su obra.

Pero ello no es aún suficiente para generar un fenómeno dramático. Allí, en algún punto medio entre el actor y el espectador, es donde el teatro cobra verdadera vida.

Buenos Aires, abril de 1972.

Índice

La Biblioteca Militante se compondrá de un total de 250 títulos divididos en cinco colecciones. Con este emprendimiento, *Razón y Revolución* se propone contribuir a la formación política y cultural de sus lectores, brindando una amplia selección de títulos y autores, de lectura ágil y gran importancia, a un precio irrisorio para lo que es actualmente el mercado editorial. La Biblioteca quiere militar por el socialismo en el sentido más general: demostrando que existe como una potencia siempre latente en el alma humana. Autores de los más diversos traerán mes a mes un aspecto, un elemento y una perspectiva de la realidad que buscarán enriquecer la mirada del lector y ayudarlo a construir una cultura socialista.

La Colección Literatura en Acción dedicará sus páginas a la edición de narrativa, poesía y teatro. Por ella pasarán tanto autores clásicos como de escasa fama pero gran valor, que todo lector curioso debería conocer. Esperamos que cada uno de estos libros logre conmover a quien lo lea y avive el fuego de la lucha por un mundo mejor.

Colección Historia Argentina

Juan Carlos Torre: *La vieja guardia sindical y Perón*
Edgardo Bilsky: *La semana trágica*
Raúl Dargoltz: *El Santiagueñazo. Gestación y crónica de una pueblada argentina*
Jorge Roze: *Conflictos agrarios en Argentina. El proceso liguista*
Alberto Bonnet, Adolfo Gilly y Alan Woods: *La izquierda y la guerra de Malvinas*
Julio Frydenberg y Miguel Ruffo: *La semana roja de 1909*
Natalia Duval: *Los sindicatos clasistas. SiTraC (1970-71)*
Hiroshi Matsushita: *Movimiento Obrero Argentino 1930-1945*
Daniel Pereyra: *Memorias de un militante internacionalista*
Marcial Luna: *Telefonistas. Las obreras torturadas durante el primer gobierno de Perón*

Próximamente

Ian Rutledge: *Cambio agrario e integración. El desarrollo del capitalismo en Jujuy: 1550-1960*

Colección Arte y Filosofía

Alex Callinicos: *Contra el posmodernismo*
Paul Lafargue: *En defensa del materialismo histórico*
Ernest Mandel: *Crimen delicioso*
Karl Marx y Bruno Bauer: *Sobre la liberación humana*
Paul Lidsky: *Los escritores contra la Comuna*
Ellen Meiksins Wood: *¿Una política sin clases? El post-marxismo y su legado*
Mario Luciano Robles Baez: *Dialéctica y capital*
Richard Lewontin y Richard Levins: *El biólogo dialéctico*

Próximamente

....

José Mariategui: *Critica Literaria*
George Politzer: *Principios elementales de filosofía*
Ernst Mandel: *Historia del movimiento obrero*

Colección Básicos del Socialismo

Daniel Guérin: *La lucha de clases en el apogeo de la Revolución Francesa*
Víctor Serge: *El año I de la Revolución Rusa*
Guillermo Lora: *Revolución y foquismo*
Maximilien Rubel: *Karl Marx: Ensayo de biografía intelectual*
Paul Mattick: *Marx y Keynes. Los límites de la economía mixta*
CLR James: *Los jacobinos negros*

Próximamente

....

Federico Engels: *Los bakuninistas en acción*
Ernest Mandel: *Sobre la historia del movimiento obrero*
Victor Serge: *Memorias de mundos desaparecidos*

Colección Problemas Contemporáneos

Daniel Pereyra: *Del Moncada a Chiapas. Historia de la Lucha Armada en América Latina*
Lillian Hellman: *Tiempo de Canallas*
Alejandro Valle Baeza y Gloria Martínez González: *México, otro capitalismo fallido*
Roberto Montoya: *La impunidad imperial*

Hal Draper: *La revuelta de Berkeley*

Vo Nguyen Giap, Hoang Quoc Viet, Le Van Luong y Truong Chinh: *Los orígenes de la Revolución Vietnamita, 1930-1945*

Andreas Doeswijk: *Vivir es muy peligroso. Mesiánicos y cangaceiros en los sertones brasileños, 1890-1940*

Próximamente

....

Neve Gordon: *La ocupación israelí*

Minqui Li: *Desarrollo del capitalismo y lucha de clases en China*

Doug Henwood: *Cómo funciona Wall Street*

Colección Literatura en Acción

David Viñas: *En la semana*

Andrés Rivera: *El precio*

César Vallejo: *El tungsteno y otros relatos*

José González Castillo: *Los invertidos y otras obras*

Andrés Rivera: *Los que no mueren*

P. Esteve, W. Operto y R. Monti: *Máscaras rojas. El teatro político en los años '70, volumen I*

AA.VV.: *Después de la tormenta. La escena teatral post 2001*

M. Diament, B. Mosquera y J. M. Paolantonio: *Máscaras rojas. El teatro político en los años '70, volumen II*

Próximamente

....

David Viñas: *Cayó sobre su rostro*

David Viñas: *Dar la cara*

Emile Zola: *Germinal*

Henri Barbusse: *El fuego*

Colección Literatura del Futuro

Aleksandr Bogdánov: *Estrella Roja*
Vladimir Zazubrin: *La astilla*

Próximamente

....

Aleksandr Chaiánov: *Viaje de mi hermano Alekséi al país de la utopía campesina*
Boris Pilniak: *El año desnudo*

Colección Trece Rosas

Azul Lombardia, Ariana Caruso, Sergio Lobo, Sofía Wilhelmi: *XY Teatro de mujeres sobre mujeres post Argentinazo*

Próximamente

....

Rosana López Rodríguez: *La Herencia. Cuentos piqueteros*
Delia Escudilla: *Violación consentida. La prostitución sin maquillaje, una autobiografia*